우리는 피를 나눈 타인입니다

우리는 피를 나눈 타인입니다

손정연 지음

팜파스

우리의 관계를 정의하는 말 중

'피를 나눈 사이'만큼 뜨거운 말이 있을까요?

'타인'보다 차가운 말은 어때요?

이 책은 뜨거워야 하지만 차갑게 식어버린 사이, 나이 든 부모와 나이 들어가는 자녀들의 이야기입니다. 동시에 저의 이야기이자 당신의 이야기가 될 것입니다. 저는 이 책을 쓰며 지금은 70대 후반의 할머니가 된 엄마와 이미 세상을 떠난 아빠를 수없이 만났습니다. 제가 어렸을 때 엄마는 설날 아침 세배를 받으면 나이 한 살을 더 먹게 된다며, 세배받는 것을 거부할 정도로 나이에 예민하게 반응하셨습니다. 하지만 지금은 설날이 되기 한참 전부터 손주들에게 줄 세뱃돈을 준비하며 설레는 마음을 감추지 못하는 할머니가 되어 계십니다.

　이 책은 제가 쓴 책들 중 출간 순서로는 7번째지만 집필한 순서로는 6번째가 됩니다. 저에게 글쓰기는 여전히 익숙하지 않은 고통스러운 작업이지만 이번엔 원고를 오래 붙잡고 있었던 만큼 특히 더 힘들었던 것으로 기억합니다. 아마도 제가 상상만 해봤지 실제 경험한 적 없는 노년의 나이 듦 때문이었을 겁니다. 그래서 이 책은 나의 나이 듦이 아닌, 나보다 조금 먼저 노인이 된 부모를 이해하고자 하는 마음에서 정리된 책이라는 점을 밝힙니다.

　심리상담과 교육 그리고 지인들의 생생한 경험을 조금씩 다듬었습니다. 더러는 이야기 속 부모가 안쓰러웠고, 더러는 이중 부양에 심신의 에너지가 모두 소진되어 버린 자녀에게 마음이 기울었습니다. 때때로 부모님의 삶과 죽음의 이미지가 떠올라 감당하기 힘든 감정들을 만나야 할 때도 있었습니다. 늘 부모에게는 부족함이 많은 자녀였기에 어쩌면 이 책을 쓰는 동안 저는 용서를 구하고, 이해를 받고, 미뤄뒀던 회복의 과정을 거쳤는지도 모르겠습니다. 지금 이 글을 읽는 당신에게도 저와 같은 시간을 마련해주고 싶은 감정이 올라옵니다. 나이가 들고 부모가 되었지만, 여전히 어린아이의 마음으로만 관계를 이해하며 실수하는 일이 없도록 하기 위함입니다.

이 책은 한 개인이 노년의 생애주기에 접어들면서 경험하게 되는 심리적 문제와 더불어 나이 든 노부모와 살아가는 성인 자녀 사이에서 일어날 수 있는 갈등과 해결 방법을 다루고 있습니다. 〈Part 1〉은 인생의 은퇴자가 되어 상실의 시간을 보내고 있는 부모의 심리에 대해, 〈Part 2〉는 이중 부양으로 이미 지쳤지만 책임감이라는 멍에를 짊어지고 하루하루 버티며 살아가는 자녀의 심리에 대해, 〈Part 3〉는 부모-자녀 간 심리적 안전거리를 유지하기 위해 지켜야 하는 경계에 대해, 〈Part 4〉는 차가운 타인이기보다 따뜻한 타인이 되기 위해 알아두면 좋을 관계를 위한 3가지 제안으로 구성되어 있습니다. 결국 책을 통해 제가 전달하고 싶은 주제는 게슈탈트 심리치료의 창시자 프리츠 펄스가 말한 기도문의 '너는 너이고, 나는 나이다'가 될 것입니다.

나는 나의 일을 하고, 너는 너의 일을 한다.
나는 너의 기대에 맞춰 살려고 이 세상에 있는 것이 아니다.
그리고 너도 나를 위해 살려고 이 세상에 있는 것이 아니라
너는 너이고, 나는 나이다.
만약 우리의 마음이 우연히 서로 일치한다면
그것은 아름다운 일이다.
그러나 그렇지 못한다 해도 그것은 할 수 없는 일 아니겠는가.
-프리츠 펄스, 〈게슈탈트 기도문〉 중에서

우리 모두는 누군가의 자녀로 태어나 어느 날 부모가 되고, 가까운 미래에는 그 자녀의 아이가 되어 다시 살아가게 됩니다. 당연히 우리 중 누구도 거스를 수 없는 이야기가 바로 '나이 듦'이 되는 것이죠. 어느 단락은 이해할 수 없었던 노부모의 마음으로, 어느 단락에선 괘씸하기만 했던 자녀의 마음으로 읽어가다 보면 그때 우리가 왜 그렇게 차가운 타인으로 등을 돌릴 수밖에 없었는지, 그때는 보이지 않았던 서로를 향한 연민의 틈이 보일지도 모르겠습니다.

관계에 익숙해지다 보면 '부모니까, 자녀니까'로 서로의 경계를 지켜주는 것에 소홀해지거나, 아무렇지 않게 침범해버리는 실수를 하곤 합니다. 더 이상 실수를 범하지 않으려면 세상 어떤 관계보다 특히, 부모와 자녀는 경계를 지키기 위해 노력하지 않으며 안 되는 관계여야 합니다.

뜨거운 피를 나눈 가까운 사이, 하지만 각자의 개별성을 존중하며 사랑을 전하는 독립된 타인으로 살아가야 하는 부모와 자녀들에게 성숙한 삶의 방향을 제시하는 동시에 위로가 되어줄 수 있는 공감의 글이길 바라봅니다.

손 정 연

PART
2

어른아이 그리고 부모
진정한 가족 간 독립을 위하여

PART
3

부모와 자식의 사이, 내 마음 헤아리기
남이 된 것이 아니라 성인이 된 것이다

PART
4

우리는 서로에게 타인이다

PART 1

부모의 마음
헤아리기

우리는 모두
나이 드는 과정 속에 있다

인생의 은퇴자가 아닌
새로운 무대의 주인공

\/

상실_
배역이 끝난 주인공

아끼던 물건을 잃어버렸던 적이 있다. 개인적으로 의미 있는 것이라 아쉬운 마음이 며칠 동안 이어졌었다. 더 이상 내 것이 아님을 받아들이는 것은 무척 힘들었다. 존재하지 않기에 슬프고, 애달프며 쉽게 수용할 수 없어 화가 나고 억울해지는 거다. *이것이 바로 상실이다.*

나는 이 기분이 얼마나 사람을 미치게 하는지 알고 있기 때문에 주변 사람들의 상실에 민감하게 반응하는 편이다. 그런데 어찌된 일인지 나이 든 엄마의 상실에는 너무 쉽게 "다 그런 거야"라고 인색해질 때가 종종 있다.

'노인들은 원래 저래' 하루하루 안 좋아지는 거지, 별 수 없어.' '나이 들면 원래 깜박깜박하고 기억력도 나빠지는 거지.' '누구도 막을 수 없는 자연의 법칙인데 어쩌겠어?' '젊어 보이고 싶은 것도 욕심이야.' '병들고 나이 든 부모는 자식한테 그리 반갑지 않지.'

그런데 어느 날 이렇게 쉽게 말해버리는 나 자신이 부끄러웠다. 그래서 나처럼 너무 쉽게 나이에 대해 떠들어대는 사람들을 만나면 고쳐 말해주고 싶다. "니들도 다 늙어."

시험에 떨어진 사람, 애인과 헤어진 사람에게도 손을 내밀어 위로하는 게 인지상정이라 믿고 있었던 미자는 자신을 쓸모없이 버려진 물건처럼 취급하는 세상과 그 세상의 시선에 동조하는 가족이 밉다. 인생의 무대가 송두리째 바뀌어버린 것도 속상한데 그저 모든 것을 순리대로 어른답게 받아들이라고 조언하는 선생들이 여기저기 너무 많다.

30년 동안 작은 미용실을 운영했던 미자는 52세가 되던 해 막내딸이 대학에 입학하면서 일을 그만두기로 결정했다. 평생

쉬어본 적 없이 일만 했기에 미용실을 정리한 후엔 남편과 함께 여행이나 하며 편하게 살 수 있을 거란 희망도 있었다. 처음 한동안은 그동안 종일 서서 일을 했던 무릎과 허리 통증의 고통에서 해방되었다는 것만으로 기뻤다. 미뤄뒀던 집안일을 봄날 대청소하듯 일주일 동안 쉬지 않고 했다. 그렇게 일주일이 지난 어느 날 아침, 더 이상 치울 것도, 갈 곳도 없다는 현실을 마주하며 두렵기만 했다. 다시 일을 시작할 수도 있었지만 남편과 자녀들은 만류했다. 익숙하지 않아서 그런 거라고, 쉬는 것을 즐겨보라며 집에 있기를 권했다. 그러나 자신과 다르게 늦은 나이에도 일하는 친구들을 보면 부러웠고, 자신이 너무 빨리 인생에 백기를 든 패배자가 된 것 같아 씁쓸했다.

그토록 늙고 싶지 않았던 미자는 자신이 피하고 싶었던 나이 60대 후반이 되었다. 공원, 정형외과, 집 앞 마트가 자유롭게 갈 수 있는 곳 전부였다. 사람들은 쉽게 인생은 60부터라고 말한다. 그런데 미자는 그 60이라는 나이가 하나도 반갑지 않다. 힘들어도 좋으니 다시 일할 수 있는 나이로 돌아가고 싶은 마음뿐이다.

미자에게 나이는 자신이 설 수 있는 무대를 빼앗아가는 것, 아직 무대에서 내려오고 싶지 않은 배우에게 이제 당신 역할은 끝났으니 그만 내려오라는 비참한 신호였다.

달라질 것은 없다_
나이 듦을 받아들이기
─────────

　철학자 키케로는 《노년에 관하여, 우정에 관하여》(도서출판 숲, 2005)에서 노년을 비참하게 보이게 만드는 네 가지 이유에 대해 설명했다. 첫째, 노년은 자유롭게 활동할 수 없게 만든다. 둘째, 노년은 몸을 허약하게 만든다. 셋째, 노년은 삶에서 즐겼던 거의 모든 쾌락을 빼앗아간다. 넷째, 노년은 죽음과 멀리 떨어져 있지 않다.

　세상에 자신의 인생이 비참하게 보이길 원하는 사람이 있을까? 노년이 겪는 비극은 자신이 원하는 것을 더 이상 할 수 없다고 스스로 제한하고 포기하면서 시작된다. 누가 그들에게서 사회적으로 인정받고, 심리적으로는 안정감을 느끼고, 성적 표현에도 자유로우며, 새로운 것들을 여전히 경험하고 싶은 욕구를 빼앗아간 것일까? 바로 자신이다. 그렇다면 나이 탓을 하는 노인들은 무엇을 놓치고 있는 걸까.

　나의 10대, 20대 시절을 떠올려보면 하고 싶은 게 많았다. 기왕이면 누구나 동경의 눈빛을 보내는 자리에 있기를 기대하기도 했다. 그 당시 '꿈은 이루어진다'라는 말이 유행했지만, 모두의 꿈이 이루어진 것은 아니었다. 나 또한 내가 설 수 있는 무대의 높이를 낮춰야 했고, 화려한 무대장치도 포기해야 했다. 어떤 무대는 스스로 겁에 질려 도망쳤고, 어떤 무대는 뽑아주질 않으니 올라가지 못했다. 내가 서고 싶은 무대와 설 수 있는 무대를 두고 수없이 타협해야만 했다. 제한과 타협 속에서 유지해온 직업을 통해 나는 조금씩 인생의 명암(明暗)을 받아들일 수 있게 됐다.

'노년이라고 해서 달라질 것은 없다.' 노인도 체념하며 포기할 수 있고, 끝까지 고집을 부리다 타협할 수도 있다. 그저 무대가 조금 바뀌는 것뿐이다. 나이 덕분에 오히려 쓰임 있는 활동, 타인과의 관계 속에서 나에 대한 정체성을 확인하는 활동, 이것은 스스로 가치 있는 무대임을 인정할 때 발견된다.

그도 그럴 것이 나이 듦을 거부하는 것은 그것이 가져다줄 세상이 두렵고 불안하기 때문이다. 나이 듦은 모든 것을 상실한 것이고, 그로 인해 미래의 희망이 없어진다고 생각하기 때문이다.

실제 나이 듦은 내 힘으로 어쩔 수 없는 생물학적 노화를 비롯한 많은 상실의 경험을 동반하므로 우울, 불안, 분노 등의 정서를 피하기 어렵다. 그러나 절망할 일만은 아니다. 사회 참여나 취미생활을 통한 자기실현의 길도 얼마든지 열려 있기 때문이다. 이것은 통제할 수 없는 것과 통제할 수 있는 것의 차이다.

자신의 통제 영역 밖의 것에 초점을 맞추면 누구라도 우울해진다. 많은 전문가가 생물학적 노화를 막을 수는 없지만 늦출 수는 있다고 말한다. 그리고 그것의 시작으로 '*자기 나이에 적응*'하기를 제안한다. '나이'를 인식함은 자신의 한계를 받아들여야 할 시기가 왔다는 걸 알아차리는 것이다.

노년의 무대를 즐기기 위해 가장 먼저 해야 하는 것은 자신의 나이를 받아들이고, 두 번째는 나이듦에 대한 자기 고정관념으로부터 벗어나는 것이다.

현명한 노화_
활력을 계획하기

노인이 되면 나이만큼 먹어야 하는 약의 개수도 늘어난다는 말을 어디서든 쉽게 한다. 과연 약으로 노화를 막을 수 있을까?

최근 노인복지 영역에서는 '활동적 노화(Active aging)'에 관심이 커지고 있다. 이것은 나이가 들면서 삶의 질을 향상하기 위해 건강, 참여 및 보장의 기회를 최대화하는 것을 말한다. 30년 넘게 미국의 시애틀에서 노화를 연구한 의사 에릭 라슨의 노화 연구 보고서 《나이 듦의 반전》(도서출판 파라사이언스, 2019)을 보면, 그의 연구 대상은 건강한 노화를 위해 얼마나 많은 의료 서비스가 필요한지였다. 그가 발견한 건강한 노화의 조건은 영양 보충제를 포함한 각종 의료 서비스가 아니라 노화에 대한 수용과 신체적, 정신적, 사회적인 측면에서의 능동적 활동을 통해 축적된 회복력이었다.

특별히 소개된 107세의 노인 에반젤린 슐러 이야기는 매우 흥미로웠다. 그녀는 청년기를 사회복지가로 일했고, 은퇴 후에는 구세군에서 자원봉사를 했다. 일생을 타인을 돕는 데 헌신했던 거다. 그녀는 댄스파티에 참석하거나 평화 봉사단에서 봉사자로 활동하고, 여행을 다니며 사교활동에도 적극적으로 참여했다. 그녀도 가족들도 노년기를 보내며 충분한 만족감을 느꼈다. 무엇이 그녀를 이렇게 활기 있게 만들었을까?

첫째, 삶을 향한 책임감이었다. 자신이 가진 한계 내에서 목표를 세웠고, 그것을 실천하기 위해 스스로를 동기부여하는 계획을 세웠다. '주 3회, 15분씩 정기적인 활동을 할 것', 이 간단해 보이는 것이 계획의 전부였다.

둘째, 주어진 시간이 유한하다는 것과 노화하면 신체적으로 불편을 겪는 일은 피할 수 없음을 받아들였다. 남은 시간이 살아온 시간보다 적다는 것을 인식하게 되면 성과를 위한 도전보다는 정서적으로 의미 있는 것에 목표를 둘 수 있다. 이렇듯 '활동적 노화'는 고령의 그녀를 마지막 순간까지 빛나게 한 '현명한 노화'로 작용했다.

내가 이 책을 준비하며 접했던 정보들에 의하면 현명한 노화란 누구도 죽음을 피할 수는 없고, 삶이 유한하다는 사실을 인정하는 것이었다. 그러나 이 말은 건강한 청년들에겐 아직 먼 이야기처럼 들리고, 나이 든 노인들에겐 그저 공허하게 들린다. 노년은 쉽게 수용하기보다는 최대한 거부하고 싶은 편에 속한다. 그러니 나 또한 스스로 가지고 있는 노인에 대한 잘못된 고정관념과 편견들을 없애야 하는데 그것은 '느리다, 인기가 없다, 외롭다, 활력이 떨어진다, 사람들로부터 소외당한다, 초라하다'처럼 낮은 가치와 연결된 단어들이다.

점점 나빠질 거야, 하지만_
인생의 법칙에 순응하자

노인이 안겨준 굴욕감과 패배감으로부터 벗어나고 싶었던 미자는 다시 설 수 있는 화려한 무대가 필요했다. 그런데 아무리 생각해도 학교나 직장처럼 이미 지나가 버린 무대 말고는 떠오르지 않았다. 하지만 그곳으로 다시 돌아갈 수 없으니 미자는 우울했다. 물론 미자의 생각처럼 노화 자체가 여러 가지 기능을 저하시키며 노인들로 하여금 가치감을 떨어뜨리는 이유가 될 수는 있다. 하지만 에릭슨의 말을 빌리자면 오히려 노화의 과정을 수용하지 못하는 낮은 자존감이 우울, 허망함, 무기력을 만들기도 한다.

심리사회적 발달 단계로 유명한 심리학자 에릭 에릭슨은 87세 때 〈뉴욕타임스〉에 노년기에 주의를 기울여야 할 우선 과제에 대해 발표했다. 그것은 인생의 법칙에 순응하는 법을 배워야 하며, 우리의 신체는 계속 나빠질 거란 사실은 인정하되 절망하지 않기 위해 '자아 통합감(Ego-integrity)'을 성장시켜야 한다는 내용이었다. 그는 65세 이상의 노년기에는 일생 동안의 사회적 경험에 대한 가치 부여를 어떻게 하느냐에 따라 자아 통합감을 얻기도 하고, 절망감에 빠지기도 한다고 했다. 그러니 지금까지 살아온 내 삶과 살아가고 있는 현재의 삶에 대해 긍정적 가치를 부여할 수 있다면 노화나 노년에 대한 부정적 고정관념으로부터 자유로울 수 있다는 거다. 핵심은 가치 있는 일에 활동하라는 것이다.

우리 모두의 노년을 위해
알아두면 쓸모 있는 것

노년의 부모를 이해하기 위해 알아두면 좋은 것이 생애주기에 따른 역할 변화와 심리적 요인들이다. 발달주기를 토대로 나와 부모, 나의 자녀가 살아가고 있는 인생의 시기를 짐작해볼 수 있다. 물론 생애주기 모델은 대략적 나이를 기준으로 시기적·단계적으로 나눈 임의적 구분이라는 점에서 개별성을 모두 포함하지 못한다는 단점은 있다. 그럼에도 불구하고 인생의 여정에서 각자가 맡게 되는 다양한 역할들의 개념을 파악하고 예상할 수 있다. 또 시기별로 일어날 수 있는 가능한 사건들에 개인이 어떻게 대처해야 하는지를 가시적으로 보여주기도 한다. 한 번도 살아본 적 없는 나이대의 인생을 이해하고, 살면서 놓친 인생의 도전 과제들을 성찰하는 데 도움이 된다.

영국의 노년학자 브롬리가 만든 생애발달주기 모델을 통해 성인기부터 노년의 시기에는 어떤 심리발달 과제들이 집중되어 있는지 살펴보자.

● 생애발달주기 모델 ●

18~20세	**독립적인 성인 과도기** 성인의 권리와 책임(운전면허, 음주, 투표권 등) 및 재정적 자립에 근접함
21~30세	**성인 초기** 여러 가지 역할에 참여함: 주거에 대한 책임, 대학 진학, 첫 직장을 얻음, 결혼하고 부모가 됨
31~40세	**성인 중기** 가정적, 직업적 측면에서 중요한 역할을 떠맡음: 왕성함과 저항력이 쇠퇴하는 첫 조짐들이 나타남
40~55세	**성숙기** 자녀들의 출가: 자율성 저하, 부모의 사망
56~60세	**은퇴 전환기** 성생활의 감소: 외모 변화와 크고 작은 건강 문제 발생으로 노화를 실감함
61~65세	**은퇴기** 은퇴함: 자아 개념 재조정, 자기 생애를 돌아보며 다시 읽기 시작함
65~75세	**노인기** 신체적 능력의 현격한 저하: 위중한 병에 걸릴 위험, 배우자의 노쇠화, 사회 활동에서 벗어나며 주변 사람들과 관계를 중요시함
76세 이상	**초고령기** 신체적 능력의 감퇴가 가속화됨, 감각 및 인지기능의 감퇴, 자율성 감퇴

물론 노년기에 접어든 모든 부모가 동일한 생애 단계를 경험하는 것은 아니다. 그렇다고 이 변화를 거스를 수 있는 사람도 없다.

생애발달주기 모델에서 성숙기에 해당하는 나의 시기에는 부모의 사망이 적혀 있다. 75세인 엄마의 시기는 표의 마지막 칸만을 남겨두고 있다. 짧은 시간, 생각이 많아졌다.

노인은 빈껍데기가
아니야

\/

거절하고 싶은

에이지즘(Ageism)

친구들과 대만 여행을 갔을 때 일이다. 당시 대만 여행객들의 필수품 중 하나가 '유스 트래블 카드(Youth Travel Card, 청년여행카드)'였다. 지정장소에 가서 여권을 보여주면 발급받을 수 있는데, 관광지에서 이 카드를 제시하면 입장권 등을 할인된 가격으로 구입할 수 있으니 관광객들에겐 필수 아이템이었다.

우리 일행도 카드를 발급받기 위해 숙소에서 꽤 떨어진 곳까지 일부러 이동했다. 호기롭게 여권을 건넨 후 카드 발급을 기다리고 있는데 그곳에 있던 두 명의 직원이 뭔가 문제라도 생겼는지 우왕좌왕하기 시작했다. 우리도 덩달아 당황했고, 직원들은 여권의 생일을 가리키며 재차 확인까지 했다. 그래도 해결이 안 됐는지 잠시 후 그들이 우리에게 나이를 물었다. 여행 첫날 기분이 한껏 고조되어 있었던 나는 손가락 4개를 친절하게 펴 보이며 '포티(Forty, 40)'이라고 말해줬다. 두 사람은 이제야 알겠다는 눈짓을 서로에게 보내더니 우리에게 다가와 유스 트래블 카드를 발급받을 수 있는 연령은 15~30세까지라고 말해줬다. 나는 그 순간 얼굴이 화끈거렸고, 방금 전까지 내가 해 보였던 유치찬란한 손동작이 떠올라 빛의 속도로 뒤돌아 걸었던 기억이 난다. 그 뒤로 나의 별명은 한동안 포티가 되었을 정도로 대만 여행 하면 가장 먼저 떠오르는 최고의 에피소드인 것은 맞지만, 그때는 참 많이 당황했었다. 겸연쩍었던 우리는 다음 행선지로 이동하는 내내 "아니, 왜? 나이 많은 사람은 여행도 하지 말라는 거냐"며 불만을 토로했었다.

내 고향은 전라도다. 가끔 인터넷에서 화제가 된 사건의 발생 지역이 전라도일 경우 대놓고 지역감정을 부추기는 악의적인 댓글이 달린다. 물론 나를 가리켜 욕을 한 것은 아니지만 매우 불쾌하다.

과거 다니던 직장에는 회사의 제품을 교육하는 사내 강사들이 있었는데, 아웃소싱의 고용 형태였다. 어느 날 부서에서 갑작스럽게 회의가 소집되었고, 해당 강사도 함께 회의실에 들어왔다. 그런데 그곳에서 팀장 한 분이 "우리랑 회사 이름 다른 사람은 나가세요"라고 말했다. 지금 생각해도 충격적인 발언이 아닐 수 없다.

이 밖에도 해외에 나가 있는 친구들에게서 심심찮게 동양인 혐오 발언으로 상처를 받았다거나, 아침 첫 승차 손님으로 여성을 태우면 재수가 없다는 말을 들었다거나, 자신의 차가 출강 나간 기업 브랜드의 자동차가 아니어서 주차를 거부당했다는 이야기를 듣기도 했다.

이것들은 모두 차별에 관한 이야기다. 나이, 출신 지역, 학력, 국가, 종교, 성별 등에 따라 불평등한 대우를 하거나 배제하는 것이다. 어떤 이유에서든 차별을 받는다는 것은 매우 불쾌하고, 더러는 화가 난다. 여러 차별 중에서 특별히 노인에 대한 차별과 배타주의, 노인에 대한 고정관념과 편견들로 제대로 대우하지 않고 소외와 무시 등의 부적절한 행동이 가해지는 것을 '에이지즘(Ageism)'이라고 한다.

나이가 많은 건
미안한 일이 아니다

우리나라는 급속한 고령화로 인해 2016년 11월을 기점으로 65세 이상 노인의 수가 0~15세 유소년 수보다 많은 '노인 추월 시대'에 접어들었다. 어딜 가도 노인이 많을 수밖에 없다는 것이다. 최근 카페나 식당에 영유아나 어린이의 출입을 금지하는 '노 키즈 존(No kids zone)'이 많아진 것은 알고 있었는데 중·장년층의 출입을 금지하는 '노 시니어 존(No Senior Zone)'도 생기고 있으니 시대가 바뀌고 있는 것이다. 물론 소비자가 상품이나 매장을 선택할 수 있듯이 판매자도 소비자를 선택할 수 있다고 하면 할 말은 없다. 하지만 공정한 이유 없이 누군가에게 거절당한다는 것도 그다지 즐겁지 못하다.

사실 우리는 이유 없이 승차 거부만 당해도 분노하고, 법적으로 나의 권리를 보호받기 위해 신고한다. 성별, 국가, 인종 등의 차별에 대해서는 여기저기 많은 부분에서 공론화하고 있고, 대부분 이 주제들에 대해서는 문제의식을 가지고 있다. 하지만 나이로 인한 차별은 아직까지 크게 문제 삼지 않는 게 사회적 분위기다. 그러나 이제는 민감하게 다뤄야 하는 차별이 오히려 '에이지즘'이라고 생각한다. 나이는 거스를 수 없는 인생 발달의 확실한 과정이고, 그로 인해 모두가 언젠가는 거절 대상으로 전락할 수밖에 없기 때문이다. 한국보건사회연구원에서 진행한 노인 실태조사에 의하면 노인 451명 중 7.1퍼센트가 차별을 경험했다고 답했다. 연령차별이 클수록 노인들이 느끼는 소외감은 깊어지고 자살의 원인이 되기도 한다.

환영받지 못하는
존재로 만들지 마라

갈 곳이 없다. 반기는 곳은 더더욱 없지만 그렇다고 집에만 있는 것도 눈치가 보인다. 그야말로 어디에서도 환영받지 못하는 사람들이 노인이다.

가끔 인터넷 뉴스를 통해 노인들이 택시나 버스 같은 대중교통을 이용하며 겪었던 수모를 다룬 기사를 읽게 된다.

"노인네가 집에나 있지 뭐 하러 다녀요." "아, 빨리빨리 타세요. 민폐인 줄도 모르고… 쯧."

그렇게라도 태워주면 다행인데 아예 대놓고 그냥 지나쳐버리는 경우도 많다. 그뿐만이 아니다. 복지관에서 이런저런 교육을 받으면서도 제대로 알아듣지 못하거나, 동작이 느리면 알아들을 수 있도록 설명하기보다는 "도대체 몇 번을 말해드려야 해요?"라는 식의 짜증을 듣는 것이 다반사다. 나는 이런 이야기를 들을 때마다 혹시 나의 엄마도 어딘가에서 이런 수모를 당하고 다니는 것은 아닌지 걱정된다.

그런데 이런 차별적 수모를 밖이 아닌 가정 안에서 당한다면 어떨까? 예를 들어 가정의 중대사를 결정할 때 아예 소외시키거나 궁금한 것이 있어 물었는데 "엄마는 그런 거 몰라도 돼." "아버님 세대하고 저희는 다르잖아요." "할아버지는 이런 거 다룰 줄 모르시잖아요." 노부모의 입장에서는 그저 모르니 입 다물고 있으라는 소리로 들릴 것이다. 부모 자식 간에 못 할 말이 뭐가 있겠나 싶다가도 무시당했다는 생각이 들면 자식들이 괘씸하고, 서운하기만 할 것이다.

고령의 노인들은 신체 노화로 느릴 수밖에 없는데도 우리 사회는 그 잠깐의 시간조차 기다려줄 여유가 없다. 살아온 시대가 다르니 몰라도 된다는 식의 소외를 너무 당연시하며 차별을 일삼고 있는 거다.

충분히 좋은 자녀_
모른 척하지 않기
_____

시어머니는 계단에서 발을 헛디뎌 발목 인대를 다친 적이
있다. 혼자서 가까운 병원에 가셨고, 깁스를 하고 오셨다. 특별
히 약을 처방받지 않은 것이 이상해 다음 날 병원에 함께 갔다.
진료실에서 만난 의사는 그냥 노인들에겐 흔히 있는 일이라는
투로 "깁스하고 있으면 괜찮아지니, 조심만 하시면 돼요"라며 진
료를 마치려 했다. 어머니는 의사의 말에 그저 겁먹은 아이가 되
어 "네"로만 대답하고 계셨다. 나는 의사의 이야기가 끝난 후 '왜
약 처방은 안 해준 것이냐? 깁스를 얼마나 해야 하느냐? 집 안에
서 깁스를 풀고 있어도 괜찮은 것이냐?' 여러 가지 궁금했던 점들
을 물었다. 의사는 약을 같이 먹으면 당연히 회복 속도가 빨라질
거라 했고, 집 안에서도 가급적 깁스를 하고 계셔야 한다고 말해
줬다. 괜찮다면 물리치료를 적어도 이틀에 한 번씩 와서 받는 것
도 좋다고 했다. 어머니는 혼자 오면 저렇게 자세히 알려주지 않
는다면서 며느리하고 같이 오길 잘했다며 좋아하셨다.

병원에 간 노인들을 씁쓸하게 하는 말은 "그 나이 되면 원래
아파요"이다.

어린 자녀가 불공정한 일을 당하면 부모는 보호자로서 앞에

나서는 것에 한 치의 망설임도 없다. 아직 어린 약자라고 생각하기 때문이다. 그런데 우리 곁엔 한 명의 약자가 더 있다, '노약자.' 둘 다 일반 성인에 비해 힘이 약하고 보호해줘야 하는 대상이다. 하지만 어린아이와 노인을 대하는 우리의 태도는 많이 다르다. 한쪽은 보호해도 마땅하다고 여기지만 한쪽은 보호해줄 필요가 없다고 여긴다. 귀찮을 땐 나이를 민폐의 요소로 치부하고, 필요할 땐 나이만큼 어른답게 행동해주기를 바란다. 이것이야말로 아무렇지 않게 가해지고 있는 노인차별이라고 생각한다.

대상관계 이론가 도널드 위니코트(Donald Winnicott)는 자녀 양육과 관련하여 '충분히 좋은 엄마(Good enough mother)'라는 용어를 사용했다. 초기 유아에게는 최대한 그 아이의 욕구와 표현을 충족시켜주지만 점진적으로는 아이의 독립성을 부여하고 좌절에 대한 인내를 길러주는 것 또한 엄마가 해줘야 하는 양육 태도에 속한다는 거다. 물론 성장기를 모두 거친 노부모를 다시금 양육하라는 뜻이 아니다. 부모와 반드시 동거하며 모든 일에 대해 시중을 들라는 것도 아니다. 다만 아이를 키울 때처럼 빤히 예상되는 노인차별이 있다면 그들을 보호할 책임이 이제는 성인이 된 자녀에게 있음을 모른 척하지 않았으면 한다.

불평 가득,
사춘기를 겪는 노부모

\ /

해소되지 못한
불편한 감정

"소원이 있다면 그나마 정신 말짱할 때 자식들 고생 안 시키고 가는 거지. 밤에 잠들었다가 아침에 못 일어나면 그게 제일 축복받은 거고…. 내 마지막 소원이야."

내가 아이를 낳아 부모가 되고, 중년의 나이가 되기 전까지 이 말은 쉽게 내뱉는 거짓말처럼 들렸다. 하지만 지금은 얼마나 간절한 바람의 말인지 알 수 있다.

간혹 뉴스 기사를 통해 그 어떤 연명 치료도 거부하겠다는 부모들의 이야기를 접할 때가 있다. 죽음을 당하는 것이 아니라 죽음을 맞이하고 싶다는 노부모들의 선택은 제한된 삶에서 가능성을 찾아내는 철학적 사유라는 생각이 들었다. 무엇이 그들을 이토록 담대하게 만들어줬을까?

70세 패션 유튜버 '밀라논나' 장명숙 님의 인터뷰 기사(조선비즈)를 통해 그 힌트를 엿볼 수 있다. 많은 사람에게 따뜻한 멘토로 자리매김한 그녀는 인생에 대해 "살아보니 인생은 별 거 아니다"라고 말했다. 평탄하고 싶어도 평탄하지 않은 인생에서 산을 만나면 넘고 강을 만나면 건너면 된다고. 그럴 때는 올 테면 와라, 내가 넘어주겠다는 마음으로 살아왔다고 한다.

이런 마음가짐으로 살아간다면 죽음이 두렵지 않을 수 있을 것이다. 하지만 모든 노인이 이런 선택을 하는 것은 아니다. 대부분의 나이 듦은 신체적 움직임에 불편을 동반한다. 알게 모르게 자신이 원하는 대로 자유롭게 움직이지 못한다는 것에 노인들은 스트레스를 받는다.

그렇다고 마음 편히 자녀에게 의존할 수도 없다. 자녀들의 삶에 걸림돌이 되고 싶지 않으니 결국 자기 비난만 커지게 된다. 해소되지 못한 불만의 불씨가 자녀들을 향하게 되는 이유다.

노년기에 맞는
사춘기

"일찍 다녀야지 왜 이렇게 늦었어? 연락도 없이 걱정했잖아."

"그냥."

"그냥이 어디 있어? 왜 늦었는데?"

"아, 좀 그만 좀 물어봐. 놀다 왔어, 됐어?"

혹시 대화를 나누고 있는 두 사람이 어떤 관계인지 알겠는가? 부모와 사춘기 자녀가 주고받는 그야말로 흔한 대화다. 그렇다면 다음의 대화를 나누는 두 사람은 누구일까?

"안 먹어."

"왜요? 입맛 없다고 하셔서 일부러 만든 건데요."

"됐어. 내가 언제 그런 거 먹고 싶다고 했니?"

"그래도 조금만 드셔 보세요?"

"아유~ 그만 좀 귀찮게 해."

노부모를 걱정하는 자녀와 부모의 대화다. 아마 이 대화에서 존칭 표현만 지우고 다시 읽어 본다면 영락없는 사춘기 자녀와 부모의 대화로 여겨질 것이다. 가끔 사춘기 아이들에게서나 찾아볼 수 있는 반항 가득한 행동을 하는 부모를 만날 때가 있다. 그들은 작은 일에도 참지 못하고 화를 내거나, 자기 것을 더 많이 챙기려고 아이처럼 욕심을 부리거나 염치없는 행동들을 서슴없이 한다. 지하철이나 버스를 타기 위해 길게 서 있는 줄을 아랑곳하지 않고 당당하게 세치기를 하고, 그것에 대해 누군가 항의라도 할라치면 요즘 젊은것들은 경로사상이 없다며 오히려 더 크게 화내는 경우다.

왜 타당한 이유 없이 화를 내고, 소리를 지르는 걸까? 나는 사람들에게 종종 이런 말을 해준다. 좋은 마음으로 아무리 이해해보려고 노력해도 그것이 뜻대로 잘 안 될 때는 과학의 힘을 빌려보라고. 내가 부모 교육에서 사춘기 아이들의 행동을 도저히 이해할 수 없다며 어려움을 호소하는 부모에게 자주 사용하는 방법은 바로 뇌 과학적 측면에서 자녀를 이해해보는 거다.

우리는 흔히 사춘기를 가리켜 질풍노도의 시기라고 한다. 합리적인 행동과 의사결정을 할 수 있는 뇌의 전두엽이 미완성인 상태이다 보니 감정을 다스리는 변연계 부위가 더 크게 활성화되어 있다. 당연히 목표를 세우고, 계획대로 실행하거나 타인과의 관계에서 서로의 욕구를 이성적으로 타협하고, 충동을 억제하는 것이 어려울 수밖에 없는 생물학적 특징을 가지고 있는 것이다. 그런데 노년의 뇌가 바로 이 사춘기 뇌와 닮아 있다.

인류의 뇌 과학 역사에 큰 기여를 한 사람이 있다. 바로 미국의 피니어스 게이지(Phineas Gage)다. 1848년 철도노동자였던 그는 어느 날 터널 발파 작업을 하는 과정에서 쇠막대기가 뇌(전두엽)를 뚫고 머리끝까지 관통하는 사고를 당하게 된다. 평소 친절하고 일 처리에 있어 믿음직하고 온화했던 그는 사고 후 발작을 일으키거나 괴상한 행동, 적개심에 찬 난폭한 사람으로 점점 변하게 되었다. 타인과 충돌하고 참을성이 없어졌을 뿐 아니라 미래를 위한 계획을 전혀 실행하지 못하게 된 것이다. 이유는 쇠막대기가 머리를 관통하며 정서 통제, 추론, 계획, 상위 인지기능을 담당하는 뇌의 전전두엽을 파괴했기 때문이다.

또 다른 예로 1990년대 종양 제거 수술을 통해 전전두엽에 손상을 입은 환자 엘리엇이 있다. 수술 후 그는 여러 가지 면에서 정상적으로 보였으나 의사결정을 하는 데 있어서는 지속적인 문제를 겪었다. 그는 미래를 계획할 수 없었고, 다른 사람이 제안한 계획을 따를 수도 없었다. 하찮은 일을 하느라 중요한 과제를 수행하지 못하거나 중요하지 않은 일을 그만두지도 못했고, 이혼과 결혼을 반복했다. 연구자들은 엘리엇의 의사결정 문제가 종양 수술과 관련이 있는지, 또한 정서와 의사결정 간에 어떤 관계가 있는지 탐구했다. 그리고 수술 전후에 보인 행동의 차이에서 그 답을 얻을 수 있었다.

게이지와 엘리엇 같은 전전두엽 손상 환자들은 종종 충동적으로 행동하고, 더 좋은 대안을 모색하려 하지 않으며, 처음 떠오른 그럴듯한 선택지를 성급하게 취하는 특징이 있다. 또한 불행에 빠진 타인에게 평균보다 낮은 공감력을 가지고 있다.

10대 사춘기는 전두엽의 발달이 완성되지 않은 시기이고, 35세 이후부터는 1년에 0.2퍼센트씩 꾸준히 감소하던 뇌의 신경세포들이 60세 이상이 되면 0.5퍼센트씩 급격하게 감소하게 된다. 10대 사춘기의 뇌처럼 줄어든 신경세포들은 노인의 인지기능 저하와 행동 변화에 영향을 미친다. 이를 통해 알 수 있는 것은 지금 우리의 노부모는 두 번째 사춘기를 겪고 있다는 점이다.

누구도 듣지 않는
화풀이

숙희 할머니는 지역 요양원에서 지낸다. 자식들 고생시키고 싶지 않은 마음에 할아버지가 돌아가신 후 자처해서 요양원으로 가셨다. 자녀들은 왜 불효자를 만드느냐며 한사코 반대했지만 할머니의 고집을 꺾을 수는 없었다.

"늙으면 자식들 고생 안 시키고 가는 것이 최고 복이야."

그런 할머니가 이번만큼은 화가 단단히 나셨다. 요양원에서 생활하다 보면 1년에 두 번 있는 설과 추석 명절, 그리고 할머니 본인 생일이 제일 기다려지는 날이다. 아무리 바빠도 이날만큼은 자식들과 손자, 손녀들을 볼 수 있기 때문이다. 그동안 명절이면 아들이 할머니를 모시러 왔었다. 그런데 이번에는 추석 당일에 아이들만 데리고 잠깐 들르겠다는 연락이 왔다.

"그래, 바쁘면 다음에 와. 꼭 명절이라고 봐야 하는 거 아니니 괜찮다."

아쉽기는 했지만 명절에 혼자 요양원 침대에 누워 TV만 종일 보는 몇몇 할머니에 비하면 자신은 행복한 거라고 생각했다.

그런데 어찌된 일인지 아들은 늦은 오후가 돼서야 이번에는 못 가겠다며 다음 생신 때 찾아뵈어야 할 것 같다고 연락해왔다. 할머니는 속상한 마음에 다짜고짜 아들에게 소리를 질렀다.

"1년에 한 번 찾아오는 게 그렇게 싫으냐? 그렇게 귀찮고 싫으면서 모시고 산다는 말은 왜 했어? 내가 너희들이랑 살겠다고 했으면 아주 내다 버렸겠어. 왜 나 죽으면 오지 그러냐? 이제 올 필요도 없다."

그렇게 아들을 향해 소리를 지르고 전화를 끊었지만 그래도 분이 풀리지 않았다. 결국 할머니의 화는 요양보호사의 몫이 되었다. 왜 TV 채널을 마음대로 돌리냐, 뭘 하고 있기에 불러도 바로바로 안 오고 한참이 걸리느냐 등 사사건건 트집을 잡았다.

"아유, 우리 예쁜 엄마가 속상하셨나 보네. 오늘 종일 기다리셨는데, 아들이 잘못했다. 그죠, 엄마?"

오랜만에 자녀들을 볼 수 있을 거라고 기대한 만큼 실망도 컸을 할머니가 안쓰러워 위로해주려고 건넨 말이었다. 그런데 이 말이 화근이 되어 요양보호사는 졸지에 남 뒷담화나 즐기는 상종 못 할 사람이 되고 말았다.

"뭐? 내가 왜 당신 엄마야! 그리고 당신이 뭔데 남의 아들 흉을 봐."

병실에는 적막만이 흘렀다. 모두가 숙희 할머니를 등지고 모른 척하고 있을 뿐이다. 그 뒤로도 할머니는 한참 동안 아무도 듣지 않는 화풀이를 허공에 대고 했다.

"내 자식이야. 욕을 해도 내가 하고, 때려도 내가 때려. 어디다 대고 탓을 해, 탓을…."

요양보호사는 억울했지만 본인이 또 나서면 화만 돋을 것이 뻔하니 잠자코 있기로 했다.

'남보다 못하다'라는
부모의 속마음

　자녀들에게 연락이 뜸하거나, 오기로 한 날인데 약속을 지키지 않으면 역정을 내며 자식들에게 소홀히 취급받는 것 같다며 주변에 그 화를 떠넘긴다. 그런데 막상 자녀들이 찾아오면 괜히 귀찮게 했다며 잘 먹고, 잘 지내고 있는데 왜 왔느냐며 세상 누구보다 자상한 부모로 돌변한다. 도대체 어떤 마음이 진짜일까?

　내가 그동안 만난 노부모들은 자녀들에 대한 불만족을 거의 표현하지 않았다. 그렇다고 자녀들에게 만족하지도 못했다. 노부모들은 주로 자녀들과의 관계에서, 스스로 인정하고 싶지 않지만, 몇 가지 혼란스러움을 경험하는 듯했다.

　자녀들이 자주 방문하지 않거나 전화가 없으면 그들의 삶에서 자신이 어떤 관심과 주목도 받지 못한다고 생각하며 소홀히 취급받았다고 말한다. 더러는 원하는 만큼 충분히 도움받지 못했다고도 표현한다. 하지만 이내 자녀들은 바쁘기 때문이라고 그들의 편을 들거나, 자신은 자녀들을 힘들게 하면서 의존하는 부모가 되고 싶지 않다는 말로 자책하기도 한다. 마음 안에 서로 다른 두 개의 목소리가 싸우고 있는 거다.

앞에서 살펴본 부모들의 대화는 하나의 말 안에 서로 다른 두 개의 욕구가 들어 있다. 부양을 기대하지만 부양의 부담을 주고 싶지는 않은 거다. 자신으로 인해 행여 자녀들이 힘들어질까 두려운 거다. 깊은 속마음은 자녀들의 부양이 끊어질까, 더 이상 정서적 지지를 받지 못하게 될까 봐 두려운 거다. 하지만 사춘기의 뇌와 비슷해진 노부모에겐 이것이 의지만큼 잘 통제되지 못하다 보니 불쑥불쑥 화나는 대로 표출하고, 생각나는 대로 참지 못하고 말해버리는 거다.

자식도 품 안의 자식이지 크니 다 소용없다고 말하는 동시에 자식 고생 안 시키고 곱게 죽어야 한다고 말한다. 그러니 자녀들은 부모가 하는 말을 곧이곧대로 들었다가 '남보다 못하다'는 소리를 들을 수 있으니 겉으로 표현되지 않은 진짜 속마음을 알아차리려 노력해야 한다.

마음 안 두 개의 목소리_
모순된 부모의 마음 헤아리기

뭔가 일관되지 못하고 모순을 가지고 있는 대화를 가리켜 이중 구속(Double bind)이라고 한다. 서로 다른 내면의 두 목소리는 이중 구속의 형태로 표출된다. 겉으로 표현된 메시지와 속에 품은 메시지가 다른 조현병(정신분열증) 환자와 그 가족들이 나누는 대화와 상호작용에 대해 긴 시간 연구했던 체계 이론가 그레고리 베이트슨(Gregory Bateson)은 이중 구속을 구성하는 3가지 요소에 대해 이렇게 말했다.

첫째, 정서적으로 중요하면서 긴밀한 관계에서 이루어진다. 둘째, 겉으로 보이는 의미와 잠재되어 있는 내용이 서로 달라야 한다. 셋째, 대화에 모순이 있다는 것을 알아차렸으나 그것을 거부할 수 없는 체계의 규칙, 두 사람 사이 거부할 수 없는 특별한 상황이 존재해야 한다.

하나의 말 속에 두 개의 메시지를 담고 있기 때문에 듣는 사람 입장에서는 어느 장단에 맞춰 춤을 춰야 할지 모르는 헷갈리는 상황이 자꾸만 만들어진다. 자칫 상대가 원하는 대로 문제없이 행동했다고 생각했지만, 그것을 문제 삼아 원망과 분노를 쏟아낼 수도 있다. 그러니 이것을 해결하는 방법은 애매하게 표현되어 헷갈리게 하는 상대의 메시지에서 핵심을 찾아 명확하게 돌려주는 것이다.

"안 와도 돼. 너 바쁘잖아."

"지금이라도 제가 가는 게 좋으시죠? 어머니 혼자 계시면 외롭잖아요."

자녀를 곤란하게 할까 봐 표현하지 못했던 노부모의 애매한 메시지는 오히려 자녀로 하여금 '어떤 선택을 해야 할까?'라는 답답함을 증가시킨다. 원하는 것을 직접적으로 전달하지 못하며 불만족스러워진 부모는 화를 달래기 위한 수동적 공격을 하게 되는 거다. 내면에서 아우성치는 두 개의 목소리 중 하나를 선택하고 표현해야 하나 이것이 익숙하지 않은 부모에겐 무언가 다른 방법이 필요할 듯하다.

"바쁘더라도 특별한 날만큼은 함께 하면 좋겠구나."

의외로 우리 관계의 답은 항상 진정성과 솔직함에 있다. 사춘기 아이처럼 무조건 거부하며 반항하는 것도, 그렇다고 모든 것을 알아서 해주기만을 바라며 의존만 하는 것도 관계엔 그다지 도움되지 않는다.

노화,
문제의 시작이 아니다

\ /

불편한
감시자가 되다

홀시어머니를 모시며 살고 있는 미란은 하루 종일 집에만 계시는 어머니 때문에 불편한 게 한두 가지가 아니다. 아침잠이 없으니 새벽부터 거실 소파에 앉아 TV를 보신다. TV 소리는 또 얼마나 크게 틀어 놓는지 온 가족이 잠을 깰 정도다. 아이들은 아침마다 '옷 좀 똑바로 입어라, 밥은 왜 이렇게 조금 먹느냐, 늦겠다 빨리빨리 해라'는 할머니의 잔소리에 학교 가는 길이 편하지 않다.

미란은 출근하기 전 마지막까지 챙기고 확인하는 것이 어머니의 점심 식사다. 전에는 복지관이나 주민센터에 나가 친구들도 만나시더니 요새는 집 밖으로 도통 나가지 않으시니 모든 관심이 가족에게로 집중되고 있는 느낌이다.

한 번은 "어머니 요새는 왜 노래 교실 안 나가세요?"라고 물었다가 크게 화를 당한 적도 있다.

"너 나랑 같이 있는 게 그렇게 싫으냐? 왜 그렇게 집 밖으로 내보내지 못해 안달이야."

TV를 보시면서도 뭐가 불만인지 "세상이 어찌 돌아가려고 이 모양인지… 쯧쯧" 하며 계속 혀를 차고, 손자들의 행동 하나하나를 지적하고 못마땅해하신다. 아들에겐 아내인 미란보다 더 자주 전화를 해 이동하는 동선을 시간마다 체크하고, 회식이라도 있어 귀가 시간이 늦어지게 되면 10분마다 전화를 해 폭풍 잔소리를 하신다.

그뿐인가, 직장을 오가며 피곤했던 미란네 부부가 주말 아침 늦잠이라도 자게 되면 집구석 돌아가는 꼬라지가 글러먹었다며 중죄인 취급을 당하기 일쑤다. 아무리 생각해도 크게 잘못한 일이 없는데 도대체 무엇이 이렇게 사사건건 불만인지 미란은 답답하다. 매일 아침마다 시어머니 심기를 살피느라 노이로제에 걸릴 지경이다.

자신의 존재가치를
상실하다

시어머니의 불만은 집 밖으로 외출이 줄어들면서부터였기에 그 이유를 살펴봐야 한다. 일반적으로 나이가 들면 감각을 지각하고 느끼는 것에 둔해지다 보니 점점 강한 자극에만 반응하게 된다. 두꺼워지는 안경렌즈, 커지는 TV 소리, 너무 짜거나 너무 단 음식, 점점 느려지는 속도…. 지각은 시각(색깔, 형태, 움직임), 청각(소리, 말), 촉각(온도 등 공기의 성질, 물 등의 피부와 접촉하는 물체), 후각(냄새), 미각(맛보기)의 영역을 통해 들어오는 자극을 인식하게 되는 것인데 이러한 지각이 고장나는 거다.

나이가 들면 누구라도 감각의 지각에 말썽을 일으키게 되며, 이러한 신체적 변화를 통해 노인들은 자신의 노화를 더욱 실감하게 된다. 자녀들이 알아야 하는 것은 부모가 겪게 되는 감각의 상실을 단순히 신체적 변화로만 해석해서는 안 된다는 점이다. 신체적 변화는 충분히 심리적 위축으로 연결되면서 부정적 정서를 만들어내는데, 대표적인 것이 불안과 우울이다.

나이 든 부모가 경험하는 부정적 정서는 실제로 신체적 건강 문제나 심리적 소외 문제를 유발하면서 삶에 대한 만족도와 삶의 질에 나쁜 영향을 미친다.

한국은 전체 노인 인구의 27퍼센트 이상이 우울 증상을 경험하며, 노인 자살률 또한 인구 10만 명당 81.9명으로 OECD 가입국가 중 1위인 것으로 알려졌다.

일반적으로 우울증을 겪는 사람은 2주 동안 다음 중 5가지 이상의 증상(1, 2번을 반드시 포함)으로 인해 불편을 느낀다.

1. 침체된 우울한 기분
2. 흥미 저하
3. 체중, 식욕의 변화
4. 불면, 수면과다
5. 피로감
6. 무가치감, 죄의식
7. 집중력 저하
8. 좌불안석, 처진 느낌
9. 자살 사고와 충동 같은 증상

특히 노화로 인한 신체적 변화는 무엇인가를 '할 수 있음'에서 '할 수 없음'을 당연하게 만든다. 여러 가지 기능 저하로 인해 느끼게 되는 상실감은 노인 스스로 자신의 가치에 대해 낮은 평가를 하게 한다. 또한 죽음을 현실로 자각하면서 불안, 우울, 공포, 절망, 화와 같은 부정적 정서도 느끼게 된다. 이러한 정서 상태가 지속될 경우 의욕과 기분을 침체시키고 무기력하게 만들어 우울감이 깊어질 수밖에 없다.

결국 스스로 평가한 무가치함은 사회적 관계 맺기를 회피하게 만들고 더 나아가 남은 노년 생활을 '살아서 뭐하나', '이러다 큰병이라도 들면 어쩌지', '뒷방 늙은이 신세지'라며 절망적으로 해석하게 한다.

상실에
맞서다
———

엄마는 완강했다.

"됐어! 무슨 보청기야. 시끄러운 소리들 그만해."

"아니, 엄마 입장만 생각하지 말고. 말할 때마다 무슨 전쟁 터인 것마냥 소리소리 질러가며 이야기하는 거 너무 정신없고 힘들어. 남들이 들으면 싸우는 줄 안다니깐!"

"그거 한 사람들 말이 주변 다른 소리들이랑 섞여서 오히려 잘 안 들린대. 괜히 머리만 아프고. 늙은이들이나 하는 걸…. 아, 싫어. 말도 하지 마!"

엄마는 누군가와 대화를 할 때면 소리가 제대로 들리지 않아 미간을 잔뜩 찡그리고 '뭔데 그래?'라는 궁금한 표정을 짓곤 한다. 무슨 얘기가 오가는지 알 수 없어 답답하다고 말하면서도 한사코 보청기는 안 하겠다며 버티셨다. 이런 엄마를 보며 이보다 더 이기적이고 고집불통 꼰대다움은 어디에도 없을 거라는 생각마저 들었다.

잘 들리지 않아 답답한 것은 엄마인데 왜 이렇게 보청기에 강한 반발을 하는지 내 눈에는 그저 반항기 가득한 사춘기 아이로밖에 보이지 않았다. 나이가 들수록 어린애가 된다더니 그 말이 딱 맞았다. 한동안 보청기를 두고 벌어졌던 엄마와 우리 3남매의 치열했던 줄다리기는 어떤 성과도 내지 못한 채 흐지부지되었고, 서로의 생활로 인해 점점 뒷전으로 밀려나고 말았다. 그렇게 한참이 지난 어느 날 엄마는 귀에서 윙윙거리는 소리가 나서 미칠 것 같다더니 병원에 다녀오셨다. 그리고 의사로부터 장애진단을 받을 정도로 청력이 나빠졌다는 소리를 듣게 되었다. 나는 그다지 놀라는 기색 없이 예상했던 일이라는 반응을 보였다. 하지만 그 소식을 전하는 엄마의 모습은 공허해 보였다.

그 당시 나는 어리석게도 엄마의 공허한 마음을 포착했음에도 불구하고 이때를 놓치면 또다시 보청기를 거부할지도 모른다는 생각에 마음이 조급해지기 시작했다.

"거봐! 내가 뭐라고 했어. 해야 된다고 했지? 청력이 안 좋으면 치매에 걸릴 확률도 높아진다고 내가 몇 번을 얘기했잖아? 내가 말할 때는 들으려고 하지도 않더니….."

보통 때 같으면 딸의 일장 연설에 듣기도 싫으니 그만하라고 타박을 주며 말허리를 툭 잘라버리셨을 엄마가 웬일인지 끝까지 듣고 계셨다. 나는 그제야 정신을 차리고 하던 말을 멈췄다.

아이와는 감정을 읽어주고, 공감해주는 대화를 너무나 당연하게 생각하는 나인데, 그 대상이 엄마로 바뀌면 공감이라곤 전혀 찾아볼 수 없는 대화 무지렁이가 되고 만다. 그러고 보니 엄마와 얘기할 때 나는 원하는 결론부터 강하게 말하거나, 엄마의 생각이 비합리적이라며 대놓고 면박을 줬던 거다. 이것은 아마도 '어른인데, 어른이니까 이 정도는 말 안 해도 아시겠지'라며 공감의 과정을 생략해버렸기 때문이다.

특히 60~70대 사람들 가운데 4분의 3은 말소리를 크게 하지 않으면 잘 알아듣지 못하며, 감각 중 청력의 문제를 가장 불편하게 느끼는 것으로 꼽았다. 네덜란드의 크레이머 연구팀이 3,000명이 넘는 노인을 대상으로 한 종단 연구에 따르면, 청력 문제는 노인들의 사회 심리적 건강에 영향을 미치고, 심각한 우울증과 개인적 숙련이나 능률 면에서도 열등한 수치를 나타냈다. 또, 청력에 문제가 없는 사람에 비해 더 큰 고독감과 더 낮은 지지 관계망을 지닌 것으로도 드러났다. 상실이 곧 소외로 이어진 것이다.

나이 들면
다 그렇지 않다

노부모를 부양하는 자녀들은 하루 종일 집 밖으로 나가지 않는 부모를 보며 답답함을 호소한다. 하지만 감각이 쇠퇴한 노부모는 외부 활동을 하는 것이 힘들고 사회적 관계망에서 의도치 않게 고립되는 것은 아닌지 두렵다.

감각의 쇠퇴를 가리키는 노화는 노인들의 삶을 불편하고 위험하며, 외롭게 바꿔 놓았다. 그러니 어머니에게 "집에만 계시지 말고 친구들도 만나고 뭐라도 배우러 다니시면서 취미생활이라도 해보세요"라는 자식들의 말은 관심의 표현이라기보다는 아무 사정도 모르는 그저 무심한 소리밖에 되지 못한다. 점점 안 들리는 소리에 신경이 곤두서고, 가다 쉬기를 반복해야 하는 느린 걸음의 속도는 다른 사람들을 불편하게 할 것이 뻔하다. 그러니 더 이상 여러 사람이 모인 곳에 나가는 것도, 함께 어울리는 것도 도

무지 즐겁지 않다. 되도록 피하고 싶다. 이것은 개인의 정서적 생활을 유지해나가는 데 필수 조건이 되는 '사회적 지지'로부터 소외됨을 의미한다.

엄마는 가끔 내가 일을 마치고 돌아오기만을 기다렸던 사람처럼 푸념하듯 하루 동안의 일을 쏟아냈다.

"한 번은 멀리서 어떤 사람이 인사를 하고 지나는 거야. 그런데 눈이 잘 안 보이니 도통 누구인지 알 수가 있어야지. 그 사람이 얼마나 무색했겠어."

"노래 교실에서 사람들이 모여서 뭐라고 말하는데 잘 안 들려서 눈만 멀뚱거리며 가만히 있었더니 어떤 아기 엄마가 와서는 '어머니는 식사 안 하실 거예요?'라고 묻더라고. 수업 끝나고 다들 점심을 먹으러 가자며 메뉴를 정하고 있었나 봐."

"주민센터에 이것저것 배우러 다니는데 엘리베이터가 없어서 3층까지 계단으로 다녀야 해. 오르내리기 힘들어서 이제 거기도 못 다니겠어."

이럴 때마다 내가 엄마에게 했던 말은 "나이 들면 다 그렇지 뭐"라며, 엄마가 경험하는 노화를 너무 당연한 것으로 받아들였다. 인간이라면 누구나 경험하는 것이기에 난 엄마가 그저 편하게 이 현실을 충분히 받아들일 수 있을 거라고 착각했던 것이다.

그런 내가 요즘 거울을 보며 우울함을 느끼곤 한다. 언제부터인가 눈가에 자리 잡은 잔주름이 너무나 선명하게 보이고, 머리 정수리 부분에서 한 가닥씩 흰 머리카락을 발견한다. 나는 이토록 신경 써서 자세히 들여다봐야지만 보이는 얼굴의 잔주름 하나에도 서러움을 느끼면서 엄마의 보청기는 당연하게 받아들였던 거다. 이것이야말로 내로남불(내가 하면 로맨스 남이 하면 불륜)이 아니고 뭐란 말인가? 나는 몹시 부끄러워졌다.

아이와 아이스크림을 사러 나왔다 들어가는 길에 엄마가 좋아하는 뻥튀기 과자를 한 봉지 사서 엄마에게 들렀다.

"병원에서 보청기 해야 한다는 말 듣고 기분이 어땠어?"

엄마는 내가 언제고 물어봐주기를 기다렸다는 듯이 반가워하며 말을 시작했다.

"그냥 눈물이 막 나려고 하더라. 척추, 심장, 담낭 수술에 여기저기 아픈 곳도 많아서 병원에 다니는데 이제 소리까지 안 들린다고 하니까 이렇게 살아 뭐하나 싶고, 이것도 다 돈인데 자식들한테 용돈받아 쓰면서 성한 곳도 없으니…."

처음 듣는 엄마의 말이었다.

자율성을 잃은
노부모와 함께한다는 것

'심기가 불편하다'는 말은 한자어 그대로 '心氣', 마음으로 느껴지는 기분이 별로라는 뜻이다. 부쩍 짜증이나 불평이 늘었다는 것은 무엇인가 원하는 것이 뜻대로 이루어지지 않아 만족스럽지 못하기 때문에 드러나는 반응이다. 그러니 마음을 불편하게 만든 뿌리가 무엇인지에 대해 이야기해야 하며, 이것은 서로에 대한 최소한의 관심이다.

지각이 아직 발달하지 않은 아이에게 부모는 너무도 자연스럽게 닦아주고, 일으켜 세워주며, 먹이고, 안아주는 방식으로 발달을 돕는다. 하지만 지각이 쇠퇴한 노부모에 대해서는 혼자서도 할 수 있는데 왜 저렇게 자식들을 귀찮게 하는지 모르겠다며 단순히 의존성이 큰 부모로 전락시키고 만다. 그러나 세상에서 가장 치사한 것이 줬다가 뺏는 것이라는 말도 있듯이, 노부모의 일상에서 어느 날 확인되는 지각의 쇠퇴는 그동안 당연하게 허용되었던 많은 것을 한순간에 뺏기는, 그야말로 살면서 한 번도 경험한 적 없는 치사한 경험일 거다.

나이가 들면 당연히 노화가 시작된다는 것을 모두가 알고 있다. 하지만 자신의 노화를 아무렇지 않게 기꺼이 받아들일 수 있는 사람은 많지 않다. 상실을 경험한 사람에게 '부정-분노-타협-우울-수용'이라는 애도의 5단계가 필요한 것처럼, 노화 또한 스스로 나이 듦에 대한 수용의 시간이 필요하다.

　다행히 몇 가지 추가 검사를 통해 엄마는 장애 판정은 면했다. 그래도 생활의 불편함을 덜기 위해 보청기를 하는 편이 좋겠다는 의사의 소견을 들었다. 장애 운운하는 바람에 쓸데없이 검사만 이것저것 받으며 헛수고를 시켰다고 의사를 잔뜩 원망하면서도 엄마는 내심 결과에 대해 안도하며 기뻐하는 것 같았다. 그렇게 엄마는 1년 넘도록 완강히 거부했던 보청기를 받아들이게 되었다.

　이처럼 우리의 노부모는 어느 순간 감각의 쇠퇴를 통해 그들이 가졌던 자율성을 잃은 것으로 판명되는 때를 맞이하게 된다. 자율성을 잃은 노부모와 함께한다는 것은 어쩌면 아이를 키우는 부모가 되어 돌봄과 보호의 역할을 해야 함을 의미하는 것은 아닐런지.

부모도 홀로서기가
필요하다

\/

영원한
메아리는 없다

"지니야, 너는 여자야 남자야?"

"여자와 남자는 서로 공존해야 하는 사이라고 생각합니다."

"지니야, 사랑해."

"저도 님을 사랑합니다. 제 마음을 담아 사랑 노래를 들려 드릴게요."

가끔 아이는 집에 있는 AI 스피커 지니와 얘기를 한다. 생각 지도 못했던 지니의 반응에 온 가족이 박장대소할 때가 많다.

"지니야, 나랑 끝말잇기 할래?"

"좋아요, 제가 먼저 시작할게요. 산기슭."

"아….."

아이는 그 뒤로도 지니에게 몇 번에 걸쳐 끝말잇기를 제안했고, 할 때마다 패배의 쓴맛을 봐야 했다. 아마 끝말잇기에 입력된 지니의 명령어가 바뀌지 않는 한 아이가 지니를 이길 수는 없을 거다. 인공지능으로 생활이 편리해지긴 했지만 인간의 욕구를 완벽하게 충족해주지 못하는 이유 중 하나가 일방적 소통 때문이다. 그런데 요즘 상담실이나 강의장에서 자주 듣는 이야기 중 하나가 "차라리 우리 집 스피커가 나아요"란 말이다. 겉으로는 소통하는 사람이 없다는 뜻이고, 근원적으로는 존재를 확인시켜주는 대상이 없다는 뜻이다.

인간은 누구나 욕구와 감정을 가지고 있고, 그것을 충족하기 위해 저마다의 표현과 행동을 하게 된다. 이때 그것에 대해 반응해주는 타인의 공감이 있느냐 없느냐에 따라서 건강한 심리를 유지할 수도, 그렇지 못할 수도 있다. 안타깝게도 노년은 이러한 공감 반응의 대상이 턱없이 부족하다.

공감해주는
대상이 필요하다

자기심리학을 제시한 하인즈 코후트는 인간에게 있어서 '자기(Self)'를 가장 중요한 심리적 구조로 보았다. 코후트에 따르면 한 인간이 심리적 결손 없이 건강한 삶을 살기 위해서는 자기가 발달해야 하고, 이것은 정서발달에 결정적 영향을 끼친다고 했다. 그러기 위해 자신의 심리 상태를 알고 그 상태에 맞추어 반응해주는 대상이 중요한데 양육자인 부모의 돌봄을 통해서 발달할 수 있다. 이렇게 나의 상태에 적절히 반응해주는 사람을 가리켜 코후트는 '자기대상(Self-object)'이라고 했다. 그러니 어린 시절 부모의 공감 반응이 부족했던 사람은 내면에 큰 상처로 남아 원하는 삶에 몰입하는 것이 어렵게 된다.

또한, 유아기 시절 양육자의 적절한 공감 반응을 통해 핵심 자아가 잘 형성되었다 하더라도 한 개인에게 있어서 자기대상의 욕구는 평생 지속된다는 것을 강조했다. 그러니 코후트의 자기심리학을 따른다면 인간에게는 자신의 심리적 욕구를 알아봐 주고 적절히 원하는 반응을 해줄 수 있는 소통의 대상이 전 생애에 걸쳐 필요하다는 거다. 분명 어린 시절 거울을 보듯 내게 반응해주기 원했던 자기대상은 부모가 된다. 이후 친구, 선생님, 애인,

직장동료, 배우자 등으로 자기대상도 나이와 주어진 상황에 따라 변화한다. 그리고 그때마다 내가 원했던 소통의 대상이 제대로 형성되지 않는다면 깊은 절망과 좌절을 경험하게 되고, 그것은 스트레스에 취약한 내면을 만들게 된다.

그렇다면 노년의 시기를 보내고 있는 부모의 심리 상태를 알아차리고 반응해줄 수 있는 사람은 누구일까? 배우자, 자녀, 친구 정도일 거다. 그런데 배우자와 사별했다거나 신체적으로 외부 활동이 어려워 친구와도 교류가 활발하지 않다면 자녀를 향한 기대는 커질 수밖에 없다. 거기다 인생의 과정에서 만났던 자기대상으로부터 공감받지 못한 상처의 경험이 있다면 특정 대상에 대한 집착은 더 커지게 된다.

남편과 이혼을 하고 혼자 살고 있는 경순은 주말만 되면 손자를 데리고 딸이 오지 않을까 한껏 기대하지만, 맞벌이하며 아들 둘을 키우는 딸은 늘 바쁘다. 딸의 편에서 이해해주고 싶다가도 한 번씩 너무 서운하고 화가 난다. 딸이 중학생 때 이혼한 후 양육비 한 푼 받지 않고 궂은일도 마다하지 않으며 금이야 옥이야 키운 자식이다. 부양을 하라는 것도 아니고 일주일에 한 번 얼굴 보며 식사 한 끼 하자는 것뿐이었다. 딸만 바라보며 그저 열심히 살아온 자신의 삶이 불쌍하게 느껴져 서럽기만 하다. 경순이 이토록 힘든 이유는 딸이 유일한 자기대상이기 때문이다. 그러니 딸의 반응을 극도로 예민하게 받아들이며 기대를 내려놓지 못하는 거다.

그 사람의 경험 속으로
들어가 보자

내가 워킹맘으로 아이를 키우며 늘 미안했던 점은 많이 놀아주지 못했다는 거다. 그리고 많은 워킹맘은 나와 같은 생각에 죄책감을 갖고 살아갈 거라 짐작한다. 그렇다면 워킹맘에 비해 아이와 함께 있는 시간이 훨씬 많은 전업주부들은 괜찮을까? 아니다. 실제 자녀 양육은 함께하는 시간은 적지만 관계의 질이 일관된 부모가 시간은 많이 보내지만 관계의 질이 일관되지 못한 부모에 비해 좋은 애착을 형성하는 것으로 알려졌다(물론 많은 시간을 함께 보내며 일관된 태도가 가장 좋다).

이것이 자녀 양육에만 해당할까? 우리나라 세대 간의 주관적 유대관계에 관한 연구를 보면 노부모의 생활 만족에 가장 중요한 요인으로 작용하는 것 역시 자녀와의 '질적인 관계'였다.

인공지능 스피커 지니는 예상치 못한 말로 우리 가족을 깜짝 놀라게는 했지만 자신의 기준에서 이해할 수 없는 말에 대해서는 '님의 말을 알아듣지 못했어요'라며 냉정하게 받아친다. 나는 기계치에 디지털 문맹이다. 이런 내가 살면서 가장 곤욕스러울 때는 각종 사이트의 아이디와 계정 관리, 개인 인증과 관련된 부분들이다.

이렇듯 디지털 문맹이라 자처하는 내가 유튜브를 시작하기로 했는데, 계정을 만들어 로그인하는 것부터 넘어야 할 산이 너무 많았다. 혼자서 끙끙대며 이렇게도 해보고 저렇게도 해봤지만 오리무중이었다. 이럴 때 내가 사용하는 방법은 '여보'다. 남편은 이런 부분에 있어서 나보다 훨씬 능숙하다. 하지만 남편도 유튜브는 해본 적이 없으니 한참을 읽어보길 반복했다. 그리고 마침내 내가 원하는 것을 해결해주었다.

만약 남편이 스피커 지니처럼 반응하는 사람이었다면 '나 유튜브는 모르는데' 하고 도와주길 거절했을지도 모른다. 하지만 남편이 끝까지 나를 도왔다는 것은 내가 이 분야에 얼마나 문외한인지 누구보다 잘 이해하고 있기 때문일 것이다. 이것이 바로 코후트가 말한 공감 반응이다. 그 사람의 경험 속으로 기꺼이 들어가 보는 것이다. 이것은 스피커 지니는 할 수 없는 일이다.

높은 수준의 공감 반응은 '자기'를 발전시키고 치유하는 데 중요한 역할을 한다. 특히 협소한 사회적 관계망을 가진 노인의 경우 이러한 높은 수준의 공감 반응 대상이 꼭 필요하다. 심리사회적 발달 단계를 주장한 에릭슨 역시 인생의 마지막 단계인 노년기에 충분한 지지로 정서적 교류를 해줄 사람을 찾지 못하면 절망감이 형성될 수 있다며 관계 내 친밀감을 강조했다.

일반적으로 부모 자녀 세대 간 유대관계는 지리적 근접성, 접촉 빈도 및 상호 원조로 측정되는 '객관적 상호작용'과 애정, 가치관 일치 및 규범적 기대감으로 가늠할 수 있는 '주관적 상호작용'으로 설명된다. 높은 수준의 공감 반응은 주관적 상호작용에 속한다. 이때 기대하는 친밀감은 부모나 자녀 어느 한 사람이 일방적으로 만들어내는 것을 의미하지 않는다. 상호 간의 주고받기, 상호 원조이다.

홀로서기,
혼자가 아닌 함께하는 삶

이 모든 것을 십분 이해하고, 충분히 양보한다고 하더라도 경순의 딸 입장에서 어머니는 여전히 숨막히는 대상이다. 아직도 어린아이에게 하는 것처럼 사사건건 간섭하며 집착하는 어머니를 도무지 이해할 수 없다. 이혼했다고 해서 모두 역기능 가족인 것은 아니다. 하지만 어느 정도 역기능적 체계가 유지되었을 거라는 우려 또한 자연스럽다. 내가 경순을 걱정하는 이유는 딸의 경계를 지켜주지 않고 아무렇지 않게 사랑이라는 이유로 침범하는 행동들 때문이다.

소통하기보다는 의존하거나 통제하려는 기대나 욕구도 강하다 보니 두 사람 중 한 사람의 희생은 불가피하다. 그동안은 가족의 하위 체계에 있었던 딸이 일방적으로 희생했지만 이제는 상황이 달라졌으니 경순은 혼란스럽고 딸의 변화가 달갑지 않은 거다.

경순은 이혼을 하고, 혼자서 딸을 키우며 사는 동안 외로움을 수없이 경험했다. 어떤 관계에 있어서 외로움이나 공허감을 많이 느끼는 사람은 그것을 피하기 위해 특정 대상과 밀접한 관계를 유지하려는 욕구가 그만큼 더 커진다. 이것을 '융합(Confluence)'이라고 한다.

융합의 관계에 있는 두 사람은 각자 가지고 있는 독자성을 무시하고 서로 동일한 가치와 태도를 지닌 것처럼 여기는 특징을 가지고 있다. 부부, 부모와 자녀, 친구 등 어떤 관계에서든지 발생할 수 있다. 융합된 두 사람이 한 몸이라고 생각하기 때문에 어느 한쪽이 그 관계를 깨뜨리려 하면 인정하지 못하고 강한 분노와 짜증을 표출하는 것이 특징이다. 당연히 다른 한 사람은 자신이 관계를 망쳐버린 가해자가 된 것 같아 죄책감을 느끼게 되고, 다시 융합의 관계에서 벗어날 수 없도록 서로를 구속하게 된다.

경순은 딸을 위해 희생하고 헌신하며 최선을 다해 보살펴줬다고 말한다. 하지만 사실은 딸이 독립적으로 행동하지 못하고 의존관계에 빠져 있도록 자신과 딸의 발목을 묶어 놓았던 것이다. 경순은 두 사람을 강하게 결속시켰던 끈이 끊어지는 것을 원하지 않는다. 그것은 '자기'가 흔들리는 것이고, 노년의 경순에게 강한 불안과 우울을 가져다줄 것이 뻔하기 때문이다. 그러니 경순의 딸이 나서서 서서히 끈을 풀 수 있도록 도와야 한다.

하나는 경순이 진짜 원하는 것이 무엇인지 자신의 욕구를 알아차릴 수 있도록 공감 반응하는 것이다. 그리고 다른 하나는 부족한 자신감을 극복할 수 있도록 공감 반응하는 것이다. 얼핏 보면 경순은 딸이 필요한 것 같지만, 진짜 속마음은 외로움을 채우고 싶은 거다. 그리고 관계의 외로움을 채울 수 있는 사람은 가족에만 존재하는 것이 아니라는 것을 새롭게 경험해야 한다. 노년의 관계는 가정과 지역사회 안에서 대부분 만들어진다.

또한 관계를 향한 욕구와 관계 안에서의 소외됨은 자기애, 자존감으로 다시 연결된다. 결국 경순이 경험한 소외, 집착, 관계에 대한 욕구는 건강하지 못한 자기로부터 시작된 것이니, 자기가 흩어 부서지지 않고 굳건히 홀로 서기까지는 소중한 대상의 '기꺼운 공감 반응'이 필요하다.

나의 진짜 감정은
무엇인가

\/

자신의 진짜 감정과
마주하기

"전혀 슬퍼하지 않았어요."

"남편이 죽었는데 슬퍼하지 않는 것처럼 보였군요?"

"네, 전혀요. 오히려 화가 난 사람 같았어요. 그래서 어머니가 무섭기까지 하더라고요. 아니면 아버지가 돌아가시기 전 제가 모르는 크게 잘못한 뭔가가 있는 게 아닐까 하는 생각도 들었어요."

기석은 담담하게 말하려 노력했지만 흔들리는 눈동자에서

그가 불안해하고 있음을 알 수 있었다. 아버지가 돌아가셨을 때 놀라울 정도로 침착하셨던 어머니의 모습은 그를 당황시켰고, 이후 아내와 아이들을 향한 이유 없는 비난과 불평은 도저히 어머니를 이해할 수 없게 만들었다.

"뭐 젓가락 갈 곳이 있어야 밥을 먹지."

"다른 집 자식들은 여기저기 여행도 많이 데리고 다니던데, 맨날 지들 보기 좋은 데만 다니지."

그래서 맛있는 음식을 드시게 하고, 가까운 곳에 바람이라도 쐬고 오면 나아질까 싶어 이것저것 권했다. 하지만 권하는 대로 타박하게 일쑤였다. 그러면서 친구 자식 누구는 이렇게 잘한다더라고 비교하면서 트집을 멈추지 않았다. 아들 내외가 남편이 죽고 홀로 된 자신을 전혀 돌보지 않는다는 식으로 생트집을 잡았다. 기석은 어머니가 도대체 왜 이런 억지를 부리는 건지 이해할 수가 없었다.

기석이 기억하는 어머니는 원래 변덕이 심한 분이셨다. 자신이 원하는 것이 이루어지지 않으면 짜증이 폭발하면서 다른 사람을 탓했다. 기석은 외할아버지를 본 적이 없다. 어머니가 열네 살이 되던 해 돌아가셨다고 했다. 어머니는 외할머니를 도와 5명이나 되는 동생들의 생계를 책임져야 했다. 외할머니는 어린 딸이 조금이라도 힘들다는 소리를 하거나, 슬픔에 빠져 있는 것을 허락하지 않았다. 그리고 큰딸이라는 이유로 겨우 중학교만 졸업하도록 허락했다. 어머니는 자신을 대신해 교복을 입고 고등학교에 다니던 동생들이 미웠고, 자신에게서 교복을 빼앗은 외할머니를 원망했다. 그리고 그 모든 것이 너무 빨리 돌아가신 외할아버지 때문이라고 생각하셨다.

어머니는 상실의 경험을 슬프다거나 고통스럽게 받아들이기보다는 자신을 곤욕스럽게 만드는 화나는 상황으로 여기고 있는 듯했다. 기석의 어머니에겐 자신을 혼자 두고 떠난 남편과 아버지가 별반 다르지 않았다.

얼핏 보면 굉장히 감정 표현에 거침없고, 직설적인 사람으로 보일 수도 있을 것이다. 하지만 기석의 어머니는 오히려 자신의 감정을 제대로 마주할 줄 모르는 사람이고, 감정을 회피하는 사람이다. 자신이 감내하기 어려운 큰 고통에 직면하게 되면 진짜 감정을 억압한 채 그저 분노하며 회피하는 것에 익숙해졌고, 이 분노가 표현할 수 있는 유일한 감정이 된 거다. 평소 감정 표출이 잦은 까다로운 부모일수록 상실과 애도에는 오히려 취약할 수 있는 점이다.

고장 난
감정 신호등

정서심리학에서 슬픔은 헤어짐이나 분리 혹은 애착의 상실에 기인한 감정으로 분류한다. 이별이나 분리로 혼자 남겨졌다거나, 속마음을 나누고 공유할 교류의 대상이 없어졌다거나, 사랑하는 사람의 죽음, 이루지 못한 꿈과 깨진 희망, 누군가로부터 무시당했다는 감정에서 오는 상실의 경험이다. 일반적으로 슬픔을 느끼는 사람들은 고통스러운 마음을 울음과 눈물로 드러내기도 한다. 그리고 이것은 타인으로 하여금 위로와 연민의 감정을 유발하는 신호로 작동된다. 그러나 고장 난 감정 신호등은 울음과 눈물 대신 다른 사람을 비난하고 탓하는 쪽으로 잘못된 선택을 하게 만든다.

"결국은 이렇게 날 또 골탕 먹이는 거 봐. 살았을 때도 그렇게 고생만 시키더니."

"…."

"내가 무슨 잘못을 했냐고? 아무것도 남겨 놓은 것도 없이 이렇게 가면 누가 고마워할 줄 알았냐고. 혼자만 편하자는 심보지. 죽은 사람이 뭐 불쌍해? 산 사람만 불쌍하지."

"그만 좀 하세요."

기석은 죽은 아버지를 향해 악담을 퍼부어대는 어머니가 못마땅했다. 어머니의 감정 신호등이 고장났다는 것을 알 리 없는 기석은 한 번씩 쏟아져 나오는 어머니의 신세 한탄을 듣고 있는 것이 고통스럽기만 했다. 때문에 그때마다 기석은 어머니의 비탄에 반응하기보다는 그만 좀 하라는 말로 선 긋기에 바빴다. 또는 성급하게 어머니의 감정을 전환시키려 했던 것이 오히려 역효과를 만들기도 했다.

"혼자서 이렇게 오래 살면 뭐해. 해놓은 것도 없이 밥이나 축내지."

"그런 말이 어디 있어요. 자식들 큰 문제 없이 결혼해서 살림 잘 꾸려 살고 있고, 어머니 명의로 작은 집도 하나 있고. 어머니 정도면 행복한 거예요. 뭐 화려하게 살아야만 잘 사는 게 아니잖아요."

"그러면 뭐하니. 결국 혼자 사는 뒷방 늙은이 신세밖에 더 돼? 이게 다 네 아버지 때문이야."

"세상을 나쁘게 보면 한없이 나쁜 것만 보여요. 아버지 너무 미워하지 마세요."

"누가 지 애비 자식 아니라고 할까 봐 편드는 거 봐. 이래서 고생해서 키워봐야 다 소용없어."

결국 어떻게든 상황을 바꿔보려 했던 기석의 섣부른 설득은 아무런 소득도 없이 모자 사이 분위기만 서먹하게 만들어버렸다. 남편의 죽음이라는 상실을 경험한 어머니는 분명 하나가 아닌 여러 가지 복잡한 감정을 느꼈을 거다. 도무지 갈피를 잡을 수 없는 자신의 혼란스러운 감정에 어머니는 괴로울 수밖에 없었을 거다. 그러니 자신에게 낯선 슬픔의 감정이 아니라 익숙한 분노, 화의 감정을 선택한 거다.

　　오랜 시간 자신의 솔직한 감정을 드러내지 못하고 찌꺼기처럼 감정의 앙금을 가지고 사는 사람일수록 상실의 충격을 애도하는 것이 힘들다.

　　이때 할 수 있는 것은 감정에 반응하는 것이다. 그것이 죽은 아버지를 향한 분노와 짜증을 동반한 부정적인 감정이라고 할지라도 반대하지 않고 들어주는 거다. 그저 어머니의 말을 "그랬군요"로 따라가 주는 거다. 그로써 어머니가 느끼는 감정 자체가 잘못된 것이 아니라고 타당화해주는 것과 기석이 이를 이해하고 있음을 전달하는 거다.

진짜 감정을
발견하기

'오늘 엄마가 죽었다'라는 문장으로 시작하는 카뮈의 소설 《이방인》에서 주인공 뫼르소는 어머니의 장례식에서 슬퍼하거나 눈물을 흘리지 않았다는 이유로 살인을 저지를 수밖에 없는 나쁜 사람이 되고 만다. 죽음이라는 상실의 경험 앞에서 슬퍼하지 않은 것이 그 상대가 나에게 소중하지 않거나, 사랑하지 않음을 의미하지 않는다. 보편적 감정 처리가 아니었다고 해서 그 사람이 감정 자체를 느끼지 못하는 사람은 아닌 거다. 그러니 자신의 감정을 속이며 도리어 분노의 감정을 키우는 사람에게는 적절히 자신의 감정을 표현하도록 도와주어야 한다.

나는 서울의 한 구치소에서 인성교육 교정위원으로 활동하고 있다. 수감자들 중 상당수는 자신이 처한 상황에 여전히 화가 나 있거나, 억울한 감정, 상대방에 대한 원망과 증오의 감정을 가지고 있다.

한 번은 수감자들과 인생 그래프를 그리면서 사건 당시 느꼈던 감정과 현재 그것을 바라보는 감정을 이야기하는 시간을 가졌다. 놀랍게도 자신의 감정에만 집중되어 있던 그들이 그래프를 함께 채우며 주변 사람들을 보기 시작했다. 단순히 감정을 이야기하자고 했을 뿐인데 그들은 사건 안에서 함께 고통받고 있던 사람들을 기억해낸 것이다. 화가 나 있던 감정 대신 그들은 슬픔을 꺼내 놓았다.

"사실은 아프죠. 이런 상황이 안 생겼다면 지금쯤 다 같이 웃으며 살 수 있었을 텐데, 저 때문에 가족이 웃지를 못하니 미안하고 죄스럽죠. 그게 너무 속상해요."

인간이 경험하는 생의 부정적 사건들은 어느 정도 상실감을 가져오고, 상실은 반드시 슬픔의 감정을 수반하게 된다. 그래서 많은 전문가는 삶에서 해결하지 못한 정신적·신체적 병들은 억압되고 억제되어 온전히 치유되지 못한 슬픔과 관계가 있다고 말한다.

심리학자 페니베이커(James W. Pennebaker)가 1982년 미국의 댈러스에서 진행했던 한 연구에 따르면 감정을 솔직하게 털어놓는 것이 정신과 신체 건강에 중대한 영향을 미친다고 한다. 페니베이커는 어느 날 예기치 못하게 갑자기 배우자를 자동차 사고나 자살로 잃은 사람들이 그 이후 건강상 어떤 문제를 갖게 되는지 연구했다. 그는 사회적으로 보다 편하게 죽음을 받아들일 수 있는 자동차 사고로 배우자를 잃은 경우가 더 나은 건강 상태를 유지할 거라고 생각했다. 그러나 결과는 의외였다. 연구에서는 배우자가 어떻게 해서 죽게 되었는지보다는 생존 배우자들이 자신의 감정을 얼마나 타인에게 이야기했는지 안 했는지가 주요 변수가 되었다. 타인에게 개인적인 경험을 털어놓는 '고백'은 그 순간 뇌파 형태, 피부전도 수치에 즉각적으로 안정적 변화를 만드는 것은 물론, 고백 후에는 면역기능을 개선시키면서 혈압, 심장 박동률에도 의미 있는 변화를 가져왔다.

감정(Emotion)의 어원은 '움직이다'라는 라틴어 '모웨레(Movere)'에서 시작했다. 움직이는 감정을 언제까지나 묶어둘 수는 없다. 변덕스럽고 까다롭게만 보였던 기석의 어머니에게 앙금처럼 가라앉아 있는 슬픔을 발견해줘야 한다.

고통을 허락하고
수용하며 털어놓기

상실의 고통과 슬픔을 해결하기 위해서는 고통을 허락하고 수용하며, 털어놓기 과정을 통해 충분히 경험하고 표현하도록 해야 한다. 특히, 노부모가 상실을 수용하게 하려면 지금보다 상황이 나아질 것이며, 함께 머물러주는 가족이 있으니 그 과정을 잘 이겨낼 수 있다는 것에 확신을 심어주는 것이 중요하다.

"네 아버지는 혼자 맘 편히 갔어." "살아 있을 때도 그렇게 고생만 시키더니." "살아 있는 나만 불쌍해." "혼자서 이리 오래 살면 뭐해." 자칫 비난과 분노로만 보이는 기석 어머니의 말에서 기석이 생각해볼 수 있는 것은 어머니가 죽은 아버지에 대해 느끼는 감정과 자신의 삶에 대해 어떤 생각을 하고 있는지다. 어머니는 혼자 남은 것이 슬프고, 불안하다. 아버지에 대한 원망은 여전히 남아 있다. 직접적으로 자신의 슬픈 감정에 대해서는 아무런 언급도 하고 있지 않지만 이것이 혼자 살아가야 하는 삶에 대해 느끼는 막연한 불안과 두려운 감정이라는 것도 알고 있어야 한다. 이제라도 자신의 감정을 충분히 털어놓을 수 있도록 도우면 된다. 몇 가지 질문을 통해 과거를 회상하게 하고, 그것에 대해 현재 어떻게 생각하고 있는지 더 많은 것들을 개방할 수 있도록 하는 거다.

"어느 때 아버지가 가장 떠오르세요?"

"아버지가 제일 미웠던 때는 언제예요? 그럼 제일 고마웠던 때는요?"

"아버지가 아직 살아 계시다면 뭘 함께 해보고 싶으세요?"

이것은 자녀 입장에서는 단순히 말을 들어준 것이라고 생각할 수 있지만, 어머니에게는 자신의 감정이 받아들여지는 경험이 된다. 넓은 의미로 '자기의 수용'이다.

수용되지 못하고 찌꺼기처럼 남아 있는 슬픈 감정은 타인을 탓하며 투사하는 형태 또는 자기 파괴적 행동으로 이어지기도 한다. 술이나 담배, 약물, 자해, 자살 시도 등의 자기 학대적 행동이 지속될 경우 건강상 심각한 문제를 유발시킬 수도 있다. 이 경우 혼자서 해결하기보다는 전문가의 도움을 반드시 고려하길 권한다.

노인 우울증
진단하기

다음은 국립정신건강센터에 공유된 노인 우울증을 확인하는 질문이다.
현재의 상태에 해당하는 답에 ○ 표를 해보자.

	현재의 상태에 해당하는 답에 ○표를 해주십시오.		
1	본인의 삶에 대체로 만족하십니까?	예	아니오
2	최근에 활동이나 관심거리가 줄었습니까?	예	아니오
3	삶이 공허하다고 느끼십니까?	예	아니오
4	자주 싫증을 느끼십니까?	예	아니오
5	기분 좋게 사시는 편입니까?	예	아니오
6	좋지 않은 일이 닥쳐올까 두렵습니까?	예	아니오
7	대체로 행복하다고 느끼십니까?	예	아니오
8	자주 무기력함을 느끼십니까?	예	아니오
9	외출보다는 집 안에 있기를 좋아하십니까?	예	아니오
10	다른 사람들보다 기억력이 떨어진다고 느끼십니까?	예	아니오
11	살아 있다는 사실이 기쁘십니까?	예	아니오
12	본인의 삶이 가치가 없다고 느끼십니까?	예	아니오
13	생활에 활력이 넘치십니까?	예	아니오
14	본인의 현실이 절망적이라고 느끼십니까?	예	아니오
15	다른 사람들이 대체로 본인보다 낫다고 느끼십니까?	예	아니오

(음영 처리=1점, 비음영 처리=0점) **총점 : _____**

· 0~5점 : 정상
· 6~9점 : 가벼운 우울증
· 10~15점 : 심한 우울증

출처 : Y.Jang, B.J.Small & W.E.Haley(2001)

PART 2

어른아이
그리고 부모

진정한 가족 간
독립을 위하여

하고 싶은 대로
하고 싶다

\ /

자식,
그만둬도 될까요?

휴대전화 화면에 선명하게 뜬 세 글자, '아버지.' 미경은 핸드폰에 손을 뻗기 전 가슴 깊은 곳까지 숨을 끌어 모았다. 겨우 이름 세 글자를 봤을 뿐인데 그녀의 모든 신체기능은 고장난 듯 멈춰버렸다.

아버지가 미경에게 전화를 해왔다는 것은 필시 돈 때문이다. 올해로 서른다섯 살이 된 미경은 부모가 이혼한 후 혼자 된 아버지를 15년째 부양하고 있다. 고정적인 수입원 없이 생활하는 아버지는 가끔 이렇게 불쑥 전화를 걸어 "내가 300만 원이 급하게 필요한데 돈 가진 거 있으면 내일까지 아빠 통장에 넣어라"며 아무렇지 않게 요구한다. 미경은 그때마다 자신의 상황을 생각할 겨를도 없이 일단 "알았어요"라고 대답하고 전화를 끊는다. 빚까지 내어 가며 아버지의 돈을 대고 있지만 한 번도 자신이 처한 사정에 대해 말을 하지 못했다. 이해되지 않는 것은 억눌렀던 속상한 감정들이 이제는 아버지가 아니라 그저 무기력하게 요구를 들어주는 자신에게 향하고 있다는 점이다.

아버지는 미경에게 아버지였던 적이 없는 사람이다. 그저 돈이 필요할 때만 나타나 호시탐탐 그녀의 주머니를 노리는 늑대나 승냥이 같은 사람이다. 그동안 회피했던 그녀의 본심은 '아버지, 당신 자식 노릇 이제 그만해도 될까요? 이제 그만하고 싶어요'였다. 꾹꾹 눌러왔던 그녀의 슬픔과 분노가 상담실에 어지럽게 쏟아졌다.

벗어날 수 없는
마음의 빚

미경의 부모는 그녀가 고등학교를 졸업하던 해 이혼했다.

물론 부모의 이혼에 자녀의 동의가 필요한 것은 아니지만, 미경은 두 사람 사이에서 아무런 역할도 하지 못했다는 사실에 몇 날 며칠을 자책하며 숨죽여 울었다. 적어도 미경이 기억하는 아버지는 좋은 사람은 아니었다. 종종 그녀의 부모는 언성을 높여가며 싸웠다. 감정이 격해진 아버지가 손에 잡히는 대로 물건들을 방바닥에 집어 던지며 자신의 일이 잘 안 풀리는 이유가 어머니 때문이라며 분풀이를 했다. 어머니는 아버지에게 당하고만 있지 않았다. 곧바로 목청껏 "내가 미쳤지. 무슨 부귀영화를 누리겠다고 저 인간하고 계속 사는지 몰라. 자식새끼만 아니면 내가 진즉 이 집구석 나가는 건데"라고 자신의 신세를 한탄하며 소리 질렀다.

미경은 어머니가 행복하지 않은 것과 아버지의 일이 원하는 대로 풀리지 않는 것이 자신 때문인 것 같아 고통스러웠다. 하지만 그 당시 그녀가 할 수 있는 것이라곤 방문을 꼭 걸어 잠근 채 꼼짝도 하지 않는 것이었다.

그녀는 부모 사이 중재자 역할을 하지 못했던 스스로를 원망하고 있었고, 아버지의 요구사항을 주저 없이 들어주는 것으로 마음의 빚을 청산하고 싶었다. 하지만 15년이 지난 지금도 미경이 가진 마음의 빚은 전혀 탕감되지 않은 채 어둠 깊숙한 곳에 닻을 내리고 꼼짝도 하지 않았다. 그녀는 끝이 보이지 않는 이

항해를 이제 그만두고 싶다고 했다. 나는 그녀가 진짜 원하는 것이라면 그래도 된다고 말해줬다. 하지만 그녀는 쉽사리 항해를 포기하지 못했다. 지겹도록 따라다니는 '죄책감' 때문이었다.

착한 자녀
vs 나쁜 자녀

아이는 손바닥만 한 크기의 작은 어항에 녹조류인 '마리모'를 키우고 있다. 두 개를 키우고 있었는데 어느 날 아주 작은 마리모 한 개가 더 생겼다. 분명 번식한 것인데, 두 개 중 어느 것에서 번식한 것인지 확인할 길은 없다. 소속이 불분명한 거다.

우리에게 소속은 누군가에게 나를 확인시켜주기 위해 늘어놓아야 하는 긴 설명 없이도 내가 누구인지를 단박에 증명할 수 있는 증거가 되어준다.

그런 면에서 인간은 누구나 부모와 가족에 소속되어 있다 할 수 있을 거다. 누구나 부모로부터 태어나 자라고, 부모를 중심으로 한 가정 안에서 삶을 시작하기 때문이다. 선택의 여지없이 존재의 근간이 된다. 이를 이유로 우리는 부모-자식 간 오래도록 '효'를 강조하는 문화에서 살고 있다.

공자는 《효경(孝敬)》에서 효를 '하늘의 원리이자 지상의 의리이며 백행의 기본'이라고 했다. 상호 교환과 배분에 대한 일반적인 법칙은 차치하고라도 그냥 누군가의 자식이 되어 태어난 이상 효(孝)로써 그 도리를 다해야 한다는 것이다.

물론 현대사회에서는 공자의 효 의식에 따른 부모 부양에 대한 자녀의 책임감은 약화되고 있다. 실제 통계청 분석 결과에 따르면 2002년 70.7퍼센트에서 2019년 기준 26.7퍼센트대로 감소했지만 여전히 기회와 여건이 허락된다면 부양하거나 부모의 의사에 따르겠다는 의견 또한 각각 36.3퍼센트, 34.6퍼센트로 확인되었다. 이것이 의미하는 바는 결국 자녀들은 여전히 공자가 말한 효 의식에 따른 부모 부양의 책임감에서 완전히 자유로워지지는 못했다는 것이다.

내가 상담을 하며 만났던 자녀들은 스스로를 '착한 자녀가 아니면 나쁜 자녀'로 평가하고 있었다. 자신이 처한 상황보다는 부모에게 착한 자녀가 되어야 한다고 생각했고, 기준에서 벗어나지 않는 떳떳한 자녀로 스스로를 기억하길 바랐다. 그러니 인간이라면 거스를 수 없는 노화로 인한 신체적·정신적 의존성이 높아진 노부모를 모른 척하는 것만큼 지독한 패륜은 없다고 생각하는 것이다. 스스로가 도덕적 기준으로 세운 양심의 잣대에

반하는 것은 절대 해서는 안 되는 일이며, 혹여 이런 생각을 잠시 하는 것만으로 자녀들은 죄책감에 시달린다. 결국 부모와의 관계에서 아무런 선택권도 부여받지 못한 채 자신을 원망하고 자책하는 '박해자'의 프레임 안에 자신을 가두는 거다.

엄마의 울음이
나를 착하게 만들었다

아이가 'A는 B이다' 혹은 'A는 B가 아니다'라는 명제를 처음 배우는 곳은 어디일까? 바로 가정, 더 정확하게는 부모다. 의도하든 의도하지 않든 부모는 자라는 자녀에게 끊임없이 세상의 틀을 주입한다. 자녀를 키우는 과정에서 흔하게 사용했던 '~해야만 한다' '~해서는 안 된다' 식의 표현이 이에 속하며, 이 말들과 함께 '좋다/안 좋다, 착하다/나쁘다, 맞다/틀리다' 등의 흑백 논리가 더해진다면 프레임을 향한 스스로의 결속력은 더 강력해진다. 게슈탈트 심리치료에서는 이렇게 개인의 주관적 사고와 판단이 배제된 채, 부모나 선생님처럼 권위 있는 어른들의 사고와 선택을 무비판적으로 받아들이면서 만들어지는 내면의 규칙을 내적 투사 또는 '내사(Introjection)'라 하며, 이것을 개인심리 문제의 핵심으로 본다.

어느 날 TV를 보고 있던 아이가 "엄마, 저 사람은 착한 사람이야, 나쁜 사람이야?"라고 물어왔다. 한 정치인의 인터뷰를 향한 아이의 반응에 나는 생각이 많아질 수밖에 없었다. 정치에 어떤 지식도 경험도 가지고 있지 않은 아이는 부모의 생각을 자신의 것으로 받아들였을 거다. 별 뜻 없이 남편과 내가 주고받았던 대화가 아이의 눈이 되어버린 것이다. 일제강점기를 배경으로 독립운동가들의 이야기를 담은 영화나 드라마를 본 후 아이가 말한 "일본 나빠"라는 말이나, 세 살 때부터 자신을 돌봐준 외할머니를 떠올리며 "할머니가 시골집으로 내려가지 않고 계속 나랑 살았으면 좋겠어. 그래야 내가 안 미안할 거 같아"라고 말하는 것도 같은 맥락이다. 이것은 부모의 가르침과 강요는 없었더라도 스스로 지켜야 하는 규칙을·만들고, 반드시 따르도록 자신을 이끄는 '자발적 내사'이다.

부모 중 누구도 미경에게 박해자가 되라고 강요한 적은 없었다. 간혹 매정한 부모들은 이렇게 말한다.

"누가 너더러 그렇게 살라고 시켰니?"

그러나 부모는 알아야 한다. 마치 직장에서 업무보고 자료에 서명하듯 허락한 것은 아니지만 반복적인 내사를 통해 자녀들은 착한 자녀 프레임에 빠지거나, 죄책감의 노예가 되어 가는 것이다. 그러니 사실은 그렇게 살라고, 살아야 한다고 힘줘 강요한 것이나 다름없게 된다.

미경은 어머니의 짐승 같은 울음소리를 들을 때마다 자신에게 다짐했다. '엄마를 힘들게 해서는 안 돼. 어떤 일이 있어도 내가 짐이 되어서는 안 돼. 아빠를 화나게 만들지 말자. 부모님은 나를 위해 자신의 행복을 포기했어. 그러니 내가 잘해야만 해.' 그녀는 이렇게 천천히 착한 딸이 되기 위해 준비해온 것이다. 아마 죄책감으로부터 자유로워지기 전까지 그녀는 이 방식을 벗어날 수 없을 거다.

두 개의 목소리로부터
자유로워지기

미경은 아버지로부터 벗어나고 싶어 했다. 착한 자녀 역할을 그만두고 아버지와 남이 되고 싶어 했다. 이렇게 마음먹은 자신이 천하에 나쁜 딸인 거냐며 수차례 확인받으려 애썼다. 미경이 걱정하는 것처럼 혹자는 자식이 그런 마음을 먹으면 안 된다며 그녀를 비난할지도 모른다. 또는 너무 쉽게 "아버지를 이해해주세요. 자식이 이해해야지 누가 해주겠어요. 아버지가 표현만 안 했을 뿐이지 많이 고마워할 거예요. 서운한 마음은 훌훌 털어버리고요"라며 무엇이 지혜로운 방법인지 생각해보라며 그녀에게 도덕적인 조언을 할지도 모른다. 그러나 진짜 미경에게 필요한 것은 그녀의 의견을 존중하고 지지해주는 것이다.

"미경 씨가 원하는 대로 하세요. 어느 편이 편할까요?"

미경은 여태껏 자신의 것을 만들어본 적이 없는 사람이다. 경험한 환경을 통해 부모가 만들어준 틀을 벗어나 행동해본 적도 없는 사람이다. 그러니 이제라도 스스로 선택하고, 경험하며 책임지는 기회가 필요하다.

그렇다면 두 개의 마음으로부터 어떻게 하면 자유로워질 수 있을까?

내가 하고 싶진 않지만 해야만 할 것 같은 일들로부터 자유로워지기 위해서는 그것을 하지 않았을 때 스스로 느끼게 될 죄책감을 견딜 수 있어야 한다. 아무리 생각해도 깊고 어두운 죄책감의 동굴에서 불행할 것 같다면 아직 내겐 자유를 선택할 용기가 부족한 거다. 그러니 스스로에게 물어봐야 한다. 자유와 죄책감 중에서 무엇이 조금이라도 나의 심리적 안녕감을 유지하는 데 도움이 되는지 구분하여 알아차리도록 해야 한다. 그것은 내

안에 자리 잡은 내사된 목소리를 반박해보는 것으로 시작할 수 있다.

상전 : 누가 너더러 그러고 살라고 시켰니?"
하인 : 그런 무책임한 소리가 어디있어?"
상전 : 니가 좋아서 한 일을 누구 탓을 해!"
하인 : 좋아서 한 적 없어. 그냥 무서웠고, 두려워서 아무런 말도 못 한 거야. 아이를 보호해주지 않았잖아."

방법은 의외로 간단하다. 아버지의 요구를 거부하며 피상적 관계를 유지했을 때의 모습을 상상해보고, 그 순간 느껴지는 감정과 생각을 알아차리는 것이다. 그다음 그것의 정도를 0~100퍼센트라고 봤을 때 자유로움에서 오는 해방감과 후련함은 몇 퍼센트나 되는지, 반대로 스스로를 비난하고 자책하며 느끼는 죄책감은 몇 퍼센트인지를 수치화해보는 것이다. 숫자로 정량화하면 선택의 망설임을 조금은 줄여줄 수 있다.

그리고 하나를 선택했다면 이제 회피하지 말고, 기꺼이 경험해야 한다. 예상치 못한 비난과 분노, 슬픔의 감정들이 이리저리 뒤섞여 괴롭히겠지만 그 감정을 견디고 책임져 보는 거다.

어쩌면 부양을
포기할 수도 있다

\/

차라리
남이 낫다

글을 쓰며 한동안 묵었던 강릉의 숙소에서는 책상에 앉아 고개만 돌리면 검푸른 바다와 모래 해변이 보였다. 처음엔 살짝 무섭게 느껴지기도 했던 파도 소리가 날이 지날수록 백색소음으로 변했고, 어느새 나의 숙면을 책임지는 최고의 자장가가 되었다. 푹 자고 싶을 때면 일부러 창문을 살짝 열어둔 채 잠을 청하기도 했다. 어떤 날은 저 멀리 수평선 끝에서부터 천천히 달려오다 해변에 다다라서는 어느새 산산이 부서지는 물보라에 매료되어 하루 종일 파도에 시선이 멈춰 있기도 했다.

그날도 파도 소리에 이끌려 바다를 보고 있는데 어디에선가 선명한 다홍빛 가오리연이 검푸른 바다 위를 비행하기 시작했다. 가오리연을 따라 나의 눈동자도 이리저리 움직였고, 높게 치솟는 파도에 젖기라도 하면 어쩌나 하는 노심초사로 마음을 졸였다. 자연스럽게 '저 연의 주인은 누구일까?'라고 생각하며 나의 시선은 해변에 삼삼오오 모여 있는 사람들을 보고 있었다. 소나무 군락지 어딘가에서 얼레를 돌리고 있는 사람의 형체를 희미하게 확인할 수는 있었지만 그게 전부였다.

내가 기억하는 연에 대한 최초의 경험은 연을 날리면서 다른 사람의 연실을 끊어버리는 연싸움이다. 얼레를 쥐고 있는 연 주인들은 노련한 손놀림으로 연실을 느슨하게 풀었다가 팽팽하게 당기기를 반복하면서 상대방의 연을 공격했다. 실에서 끊어져버린 연들이 하늘 위에서 빙글빙글 작은 원을 그리며 힘없이 떨어질 때면 구경하는 사람들의 입에서 탄식이 새어 나왔다.

얼레에 감겨 있는 가느다란 실 끝에 매달린 커다란 연, 혼자서는 날 수 없고 오로지 실과 연결되어 있어야지만 하늘 위를 날 수 있는 연. 나는 분명 검푸른 바다 위 하늘을 훨훨 날고 있는 연을 보며 '자유'를 떠올렸다. 그런데 그 자유는 자신을 붙들고 있는 실과 얼레에 의존했을 때만 허락되는 자유였다. 마치 인간이 누리는 자유와 비슷하다는 생각을 했다.

"이게 다 아버지 때문인 거 모르세요? 맞지도 않는 공무원 준비는 왜 시키셔서…."

"밥은 먹고 다니는 거지? 아범이 아프면 큰일 나. 입맛 없어도 꼭 챙겨 먹고 다녀."

대학을 졸업한 후 취직할 생각은 전혀 없고, 매일 컴퓨터 앞에 앉아 게임만 하는 아들에게 듣는 짜증과 불평, 80대 노모로부터 57년 동안 듣고 있는 염려와 걱정의 말 모두 선호를 지치게 하기는 마찬가지였다. 그는 일명 5060의 낀 세대로 불리며 자신의 위아래 가족을 위해 무거운 짐을 떠안고 살고 있는 가장이다. 앞으로 3년 내에 자신도 은퇴해야 한다.

평생 일을 쉬어본 적이 없는 선호가 그렸던 노후는 그동안 고생한 아내와 함께 여가를 즐기며 편안하게 사는 일상이었다. 그런데 지금 이대로라면 분명 언제 끝날지 모르지만 사회에서 아직 제대로 자리를 잡지 못한 자식 뒷바라지를 당분간은 해야하고, 10년 전 혼자가 되신 노모를 책임지기 위해 고단한 일터로 다시 몸을 움직여야 할 것이다. 오래전부터 가족 부양은 당연히 자신의 몫이라고 생각하고 있었지만, 한편으로 자신이 누릴 수 있는 것이 아무것도 없다고 생각하니 허탈했다.

이렇게 기분이 가라앉는 날, 아들이 보이는 모든 행동은 그를 괴롭히는 눈엣가시였다. 대학만 졸업시키면 부모 역할에 마침표를 찍을 수 있을 거라고 생각했다. 그런데 곧 서른이 되는 아들은 너무 당당하게 용돈을 요구했다. 언젠가 뉴스에서 본 적이 있는 문제의 니트족이 남의 집 이야기가 아니었던 거다. 자신의 아들만 아니면 정말이지 이 한심한 인간을 집에서 내쫓아버리고 싶은 게 솔직한 심정이다. 선호가 그렸던 노후는 이렇게 팍팍한 것은 아니었다. 나는 선호의 처지가 연실에 묶여 하늘 위에 둥둥 떠 있는 연이 되어버린 것만 같아 안타까웠다.

부양의 의무를
포기하겠습니다

최근 우리 사회가 겪는 공통된 가족 문제 중 하나는 80대 부모가 50대 니트족 자녀를 부양한다는 뜻의 '8050의 문제'일 것이다. 니트족(NEET, Not in Education, Employment or Training)은 교육이나 훈련을 받지 않으면서 고용 상태도 유지하고 있지 않는 청년들을 가리키는 말이다. 세계적으로 13~34세 사이의 젊은 니트족은 말할 것도 없고, 35~59세까지 중년의 니트족도 계속 늘고 있다. 결국 일본에서는 오랫동안 취직도 하지 않고 은둔생활을 하다 부모에게 폭력을 휘두른 44세 니트족 아들을 농림성 차관까지 지냈던 76세 아버지가 살해하는 일마저 생기고 말았다. 또 그런가 하면 유럽에서 청년 실업률이 두 번째로 높은 스페인의 경우 니트족 자녀를 부모가 부양할 의무가 없다는 법원의 판결도 있었다. 이것은 세계적으로 니트족 자녀에 대해 부모들이 받는 스트레스가 얼마나 큰지를 알 수 있는 사건들이라 할 수 있다. 제때 경제적으로 독립하지 못한 자녀는 어느 가정에서든 골칫거리가 되고 만다.

선호의 아들도 대학 졸업 후 1년은 취업을 위해 스터디와 면접 준비로 바쁘게 보냈다. 하지만 원하는 직장에 들어가지 못하자 점차 무기력해졌다. 보다 못한 선호는 공무원 시험을 권했고, 아들은 다시 1년을 학원가에서 숙식하며 공부했다. 그러나 결과는 좋지 못했다. 계속 시험에 떨어지면서 아들은 다른 사람들을 만나는 것도 점점 피하더니, 결국 집에서 컴퓨터 게임에만 빠져 살고 있다. 뭐니 뭐니 해도 당사자인 아들이 가장 힘들다는 것을 알기에 지금까지 어떤 말도 하지 않았다. 기죽이는 일은 없어야 한다는 생각에 용돈도 원하는 만큼 줬다. 가난을 물려주고 싶지 않은 마음에 자식이 원하는 것이라면 뭐든 다 해주자는 과잉보호 의식이 그에게 자리 잡고 있었던 것이다. 그런데 그것이 오히려 아들을 망치는 독이 될 줄은 몰랐다.

선호는 자식의 문제는 곧 부모의 문제라는 생각이 강한 사람이다. 그런데 이 생각은 일부는 맞고 일부는 틀렸다. 물론 성장하는 과정에서 좌절 없이 자신이 원하는 것은 무조건 부모가 쉽게 제공해주었기 때문에 선호의 아들은 자신의 욕구를 충족시키는 방법으로 '부모에게 요구하자'라는 패턴에 길들어진 것은 맞다. 그렇다고 선호의 아들이 니트족이 되어 살아가는 원인이 아버지에게만 있다고 하기엔 억지스러움이 있다. 이것은 부모와 자녀관계에서 발생한 상호 적응 현상으로 봐야 한다. 명백히 '세대 간 책임'으로 본 후, 여러 가지 책임의 연관성을 고려해야 하는 문제이다.

예를 들어 자녀가 지나치게 과체중이라면 부모는 이것을 유전적 요소로 볼 수도 있지만 잘못된 식습관이나 운동 부족 때문일 수도 있으므로 자녀에게도 그 책임을 물어야 한다. 그러니 선호의 아들이 니트족으로 살고 있는 이유 또한 부모가 부양을 책임지고 있는 것과 더불어 아들 스스로 인생의 목표를 정하지 않았고, 독립적으로 살려는 어떠한 노력도 하지 않고 있다는 점에서 책임 연관성이 있다. 그러니 양쪽 모두 책임을 져야 한다. 그리고 조금은 불안할 수도 죄스러운 마음이 들 수도 있겠지만, 그동안 아들에게 지원하고 있던 모든 부양의 행동을 멈추고 늦었지만 독립을 준비시켜야 한다.

심리적 탯줄
끊기

    부모와 자녀는 마치 연과 연실처럼 탯줄로 연결되어 있는 존재다. 그리고 이 탯줄은 제때 끊어줘야지만 양쪽 모두를 살릴 수 있다. 부모 자녀 사이를 연결하는 탯줄은 크게 육체적 탯줄과 심리적 탯줄 두 가지가 있다.

    모두가 알고 있듯이 엄마와 뱃속 태아를 연결해주던 육체적 탯줄은 출산하는 과정에서 누구나 망설임 없이 잘 자른다. 문제는 심리적 탯줄이다. 눈에 보이지 않는 이 탯줄은 끊는 것에 대단한 통증을 동반하기도 한다. 또 임신과 출산의 40주처럼 끊어야 하는 때가 정해져 있는 것도 아니기에 시기를 놓쳐버리기도 한다. 연실을 끊어내면 연은 추락하지만 부모 자녀 사이의 심리적 탯줄은 끊기 위해 존재한다. 나는 부모로서 역할 중 가장 중요한 임무가 바로 이 탯줄을 적절한 시기에 잘라내는 것이라 생각한다. 만약 실패한다면 두 사람 모두의 인생은 위태로워질 것이다. 심리적 탯줄을 자르는 것은 알이 부화할 때처럼 알의 안쪽에서는 병아리가 쪼고, 그 소리를 듣고 어미 닭이 밖에서 쪼아줘야 하는 '줄탁동시(啐啄同時)'와 같다.

부모가 자녀를 위해 지켜야 할 의무는 부양만이 아니다. 적당한 시기가 되었을 때 부모로부터 경제적·정서적으로 독립하고, 자립적인 생활이 가능하도록 최소한의 지원을 유지하는 것으로 자녀의 독립을 준비시키는 거다. 동시에 부모가 가지고 있는 부양의 부담을 점차 줄여나가는 결단도 필요하다.

다세대 가족치료를 연구한 머레이 보웬(Murray Bowen)은 가족 체계의 핵심적 개념과 목표로 개인이 가족 구성원들로부터 심리적으로 독립하는 '자기분화(Differentiation of self)'에 대해 말한다. 정신적으로 문제가 있는 사람의 가족들이 가지고 있는 공통된 특징을 살펴보니 개인적 자주성의 결여였고, 이에 건강한 가족의 중요한 특성으로 '자기분화'를 제시한 거다.

인간은 태아로 엄마 뱃속에 있을 때에는 혼자서는 살지 못하는 의존적 존재인 것이 맞다. 하지만 동시에 독립성을 추구하는 개별성도 가지고 있다. 자기분화가 잘 된 사람은 충분히 합리적으로 사고할 수 있는 능력이 있기 때문에 자신의 의지대로 결정하고, 그 입장을 추구하며 산다. 하지만 자기분화의 수준이 낮은 사람은 타인에게 의존해서만 살아갈 수 있다. 심리적 탯줄이 성장을 방해한 거다.

독이 되는
과도한 애착과 책임감

선호와 아들은 육체적 탯줄은 끊어진 상태지만 심리적 탯줄은 여전히 팽팽하게 연결되어 있다. 아마 스스로 좁은 산도를 빠져나오는 것이 힘들어 포기했을 수도 있고, 부모가 아들이 보내온 독립의 통증 신호를 알아차리지 못했을 수도 있다. 줄탁동시에 실패한 것이다.

어느 부모가 걱정되지 않겠는가. 그나마 아들이 생활을 유지할 수 있는 게 부모의 지원 때문이란 것을 아는 선호이기에 말처럼 쉽게 탯줄을 끊을 자신이 없다. 이 상태로 독립을 시키는 것도 불안하고, 부양을 유지하는 것도 답답할 뿐이다. 다시 선택의 갈림길에 섰다. 물론 아버지가 고뇌하는 것을 지켜본 아들이 어느 날 갑자기 정신을 차려 취업을 준비하고, 독립을 결정해준다면 가장 좋은 시나리오가 되겠지만 무턱대고 바라기에는 한계가 있다.

아들이 어떻게 바뀌어야 무망감에 빠져 있는 자신의 마음에서 그나마 희망이 보일 것 같은지를 물었다. 그는 큰 것을 바라지 않는다면서 그저 게임을 줄이고, 구직활동을 시작한다면 아들의 미래와 자신이 처한 현실에 드리워졌던 절망의 그림자를 지울 수 있을 것 같다고 했다. 이후 그의 아들이 왜 구직활동조차 하지 않으며 허송세월을 보내고 있는지 탐색해보았다. 아들은 이름만 들어도 모두가 알 법한 회사에 취직하지 못한다면 지금까지 뒷바라지해준 부모를 볼 면목이 없기에 점점 위축되고 자신감을 잃었던 것이었다. 급기야 '좋은 결과가 나오지 못할 거라면 아무것도 하지 말자'에 생각이 닿았던 것이다.

선호는 아들의 말이 이해됐다. 어쩌면 자신의 기대와 과도한 걱정이 아들을 코너로 몰았을 수도 있겠다는 생각을 했다. 그리고 아들에게 경제적 지원을 구직활동 수준에 맞춰 조정하겠다고 말했다.

선호는 분명 좋은 아버지다. 아들에 대한 사랑도 크다. 하지만 그의 과도한 관심과 책임감이 불안이 높았던 자녀의 취약한 심리 상태에 자극제가 되었던 거다. 부모가 자신의 심리적 문제를 자녀에게 전달하는 것을 '가족 투사 과정(Family projection process)'이라고 한다. 이 과정에서 부모는 자녀에게 뭔가 좋지 않은 일이 일어나지 않을까 노심초사하며 자녀에게 과도하게 집중한다. 또 자신이 걱정하는 것들이 자녀에게 나타나고 있다거나, 정말 문제 되는 기질을 지니고 있다는 확신을 갖게 된다. 안타깝게 선호의 어머니에게서 선호에게로 대물림된 '불안'이 주범이다.

선호의 과도한 애착과 책임감은 늘 자신이 주는 사랑이 아들에게 부족하지 않을까 걱정하는 마음을 키웠다. 취직 시험에 떨어져 의기소침한 행동이라도 보이면 역시나 자신의 지원이 부족했던 거라고 판단해 오히려 과도한 관심과 보호를 이어갔다. 결국 아버지에 대한 아들의 의존도는 높아졌고, 끝내 자기분화를 가로막는 부정적 요인으로 작동하고 말았다. 독립은 관계를 끊는 것이 아니라 적정한 거리를 유지하며 자신에게 몰입하는 것이다. 그러니 죄책감을 갖지 않았으면 한다.

벗어나기 위한
준비 시간이 필요하다

\╱

무조건에서
벗어나기

어린 시절 우리 집은 3대가 함께 살았다. 그 당시 대부분의 가정에서 부모부양의 책임은 장남이 지고 있었는데, 우리 집은 차남인 아빠가 장남 역할을 하고 있었다. 3대의 일상은 대체적으로 평온한 편이었으나 가끔 할머니는 엄마를 힘들게 하셨다. 차려 드리는 밥상에 불만을 표출하기도 하셨고, 엄마의 말투나 행동을 꼬투리 잡아 화를 내는 경우도 있었다. 할머니의 아들은 아빠인데, 왜 부양하며 겪게 되는 힘든 일들은 전부 엄마 몫인 건지 어린 나에겐 불만이었다. '만약 엄마에게 부양의 선택권이 주어졌더라면 과연 엄마는 할머니를 모시고 싶었을까?' 하는 의문도 생겼다. 그리고 이것이 우리 집만의 이야기는 아니라는 것이 나의 생각이다.

실제 부모를 부양할 때 필요한 생활 실천 항목 중 하나가 부모의 시중을 드는 것인데, 전반적으로 가사 노동과 연결되어 있다 보니 이것의 주 제공자는 여성이 될 수밖에 없는 구조다. 하지만 현대사회는 여성의 사회진출이 많아지면서 맞벌이 가정도 늘어나게 되었고 아무래도 부양에 큰 비중을 차지하는 부모의 시중을 자녀가 모두 해결해줄 수 없는 것이 현실이다. 이것은 자연스럽게 부양의 질과 양을 감소시키는 원인으로 작용하고 있다. 또한 부양의 형태에 있어서도 과거 자녀와 동거하는 상태에서 부양을 받았다면 요즘은 노부모가 독립 세대를 구성하거나 유료 시설에 입소한 후 자녀들이 경제적·정서적 지원을 해주는 형태로 조금씩 세분화되고 있다.

어떤 형태의 부양이 더 좋고, 나쁘다고 평가할 수는 없다. 단지 부모가 처한 상태만큼 부양을 책임지게 될 자녀의 상태도 고려되어야 한다. 만약 결혼을 한 성인 자녀라면 상대 배우자가 가지고 있는 부양에 대한 생각 또한 충분히 존중되어야 한다.

해결되지 못한
감정들

"야, 너무 보기 좋다. 나도 저렇게 어머니 모시고 다녀야 하는데….."

모처럼 가족이 함께했던 나들이에서 노부모를 모시고 3대가 함께 온 사람들을 보면서 경선의 남편이 한 말이다. 남편의 말이 무엇을 의미하는지 경선은 알고 있다. 그녀 또한 점점 연로해지시는 시어머니를 생각하면 '모시고 살아야 하는 건 아닐까'라는 생각을 하곤 했다. 하지만 그 생각의 끝은 늘 서러웠던 지난날들로 채워졌다.

20년 전 경선은 첫 아이를 출산했다. 양수가 터지는 바람에 예정일보다 4주가 앞당겨진 조산이었다. 첫 아이라 모든 것이 무섭고, 걱정이 컸다. 그런데 시댁 식구들 중 어느 누구도 축하한다는 말이나, 얼마나 놀랐느냐며 몸조리는 잘하고 있는지 어떤 위로와 안부의 전화 한 통도 없었다. 그리고 정확히 2개월 후 시누이도 출산을 했는데 시어머니는 "아기 보러 안 오니? 와야지"라며 전화를 주셨다. 서운한 마음이 있었지만 내가 해야 할 도리는 하자는 마음으로 경선은 시댁에 잠시 다녀왔다. 그리고 집으로 돌아와 아무것도 모르고 잠들어 있는 아이를 바라보며 밤새도록 서럽게 울었다. 그런데 남편은 "이미 지난 일인데 뭘 그리 오랫동안 쌓아두고 있냐"며 속 긁는 소리를 하곤 했다. 그럴 때마다 '남의 편이구나, 남의 편이 맞네'라고 생각하게 된다.

경선의 시어머니는 아들 내외와 당신이 한집에서 함께 사는 걸 오래도록 꿈꾸고 있다. 그래서 큰 평수의 아파트 한 채도 오랜 전부터 마련해두었다. 시부모님은 경선의 남편이 중학교 때 이혼했고, 아버님은 곧바로 재혼하셨다. 경선의 남편은 1남 2녀 중 장남이다. 직접적으로 시어머니의 부양에 대해 남편과 이야기를 나눠본 적은 없지만 경선이 볼 때 남편은 어찌 되었건 장남인 자신이 어머니를 모시고 사는 것이 맞다고 생각하는 것 같다. 젊은 나이에 자녀 셋을 키우며 고생한 어머니를 떠올리면 남편의 마음이 이해가 안 되는 것도 아니다. 하지만 경선은 아직 시어머니와 한집에서 아무렇지 않은 척 편하게 지낼 자신이 없다.

시어머니는 경제적으로 여유가 있다. 그리고 어머니가 가진 경제력의 혜택은 아들인 경선의 남편보다는 두 시누이에게 돌아갈 때가 많았다. 경선 부부에게는 자식이 결혼할 때 돈으로 도와주면 자꾸 의존하게 만들어 버릇만 나빠진다며 집 전세금에 보태라고 천만 원을 주셨던 분이, 시누이들이 결혼할 때에는 사돈댁에 흠 잡히면 안 된다는 명분을 내세워 무려 10배에 달하는 액수를 흔쾌히 지원해주셨다. 둘째 사위가 사기를 당했을 때에도 남자가 사업하다 보면 그럴 수 있다며 꽤 큰 금액을 지원해주기도 하셨다.

그러나 경선 부부에게만은 인색하셨다. 그때마다 서운했지만 어차피 어머니 돈이지 자신의 돈은 아니라는 생각으로 아무런 내색도 하지 않았다. 기분이야 상하지만 지금도 어머니에게 경제적인 도움을 받아야겠다는 생각을 하진 않는다. 그랬던 어머니가 70세가 되자 태도가 바뀐 거다.

"애들도 크는데 그 좁은 집에서 언제까지 살 거니? 내가 사둔 아파트에 들어가서 같이 지내자. 그러다 나 죽으면 그거 너희 것이 될 텐데 안 좋아? 나는 나랑 같이 사는 자식한테 그 집 줄 거야."

이 말을 들었을 때 경선의 기분은 그리 유쾌하지 않았다. 혹자는 집을 준다는데 모른 척하고 살면 되지 않겠느냐며 말할지도 모른다. 그러나 경선의 생각은 다르다. 부양을 한다는 것은 많은 역할을 감당해야 하고, 그 일의 대부분은 경선에게 주어질 것이라는 걸 누구보다 잘 알기에 어머니의 제안에 어떤 대답도 할 수가 없었다.

뭐가
중요한데?
___

많은 사람이 '부모 부양' 하면 가장 먼저 떠올리는 것이 경제적 지원일 거다. 그런데 부양은 경제적 지원만을 의미하지는 않는다. 일반적으로 *경제적·정서적·신체적 부양*으로 구분한다. 부모와 자녀의 상황과 처지를 고려한 후 세 가지 중 어떤 것을 지원할 것인지, 언제부터 지원해야 하는지 그 형태와 시기 등을 고려해서 우리 가족에게 맞는 적절한 부양 형태를 선택해야 한다.

실제 노후 생활의 안정을 가져다주는 조건으로 경제적 자원이 차지하는 비중은 매우 크다. 기본적인 생계유지에 필요한 자금부터 취미활동과 자아실현을 위해 사용되는 자금까지 그 범위와 규모 또한 다양하다. 만약 경선의 시어머니처럼 자금에 여유가 있는 경우라면 자녀들이 갖게 되는 경제적 부담은 적을 것이다. 하지만 연금이나 재산, 일정하게 지급되는 수입이나 저축해둔 자금도 없다면 상황은 많이 달라지게 된다. 이렇듯 부모 부양에 있어서 겪게 되는 경제적 어려움은 노부모뿐 아니라 가족 전체 '삶의 질(Quality of life)' 수준을 떨어뜨리게 된다. 특히 결혼한 5060 중장년층의 성인 자녀에게 아직 결혼하지 않은 미혼의 자녀(손자, 손녀)가 있다면 '이중 부양(Double Care)'의 상황에 놓이게 되면서 경제적 부담은 더욱 커질 수밖에 없다.

실제 2018년 한국보건사회연구원에서 실시한 '중장년층 가족의 이중 부양 실태조사'에 따르면 조사 대상의 39.5퍼센트가 이중 부양을 하고 있었고, 이중 부양 전후의 가족생활에 변화가 있었다고 대답했다. 경제생활의 악화는 물론 사회생활의 제약, 부부와 피부양자 및 형제자매 가족 간 갈등, 신체 및 정신건강의 악화를 호소하고 있었다. 이것은 단일 부양에 비해 이중 부양이 갖고 있는 경제적·심리적 고통이 고스란히 드러난 조사 결과라고 볼 수 있다. 물론 경제적 부양은 부모의 경제적 여건에 따라 자녀가 지원하는 형태의 부양을 할 수도 있고, 하지 않을 수도 있다. 그러나 정서적 부양은 얘기가 달라진다. 어쩌면 선택의 여지 없이 행해야 하는 필수 부양이라고 해야 맞을 것이고, 어쩌면 부모 부양의 핵심 축이라 해도 과언이 아닐 거다.

대부분의 노인은 나이 듦에 따라 역할 상실과 좁아진 활동 무대의 변화로 인한 고독감과 소외감을 경험하게 된다. 이 때문에 삶의 주관적 만족감도 낮아진다. 심한 경우 노인 우울증으로 자신이 무가치하게 느껴지고 비관적 생각이 들면서 삶의 끈을 놓아버리는 경우도 있다. 현재 우리나라의 노인 자살률은 OECD 국가 중 10년 이상 부동의 1위를 차지하고 있다. 우리가 주목해야 하는 것은 많은 전문가가 노인들이 스스로 부정적 정서를 회복하고 자신의 생활에 만족하도록 하는 데 가장 중요한 요인으로 자녀와의 친밀감을 이야기한다는 점이다.

시야에서 멀어져도
마음은 멀어지지 않는다

흔히 은퇴 후 행복한 노년의 삶을 원한다면 인생 무대의 변화부터 수용할 수 있어야 한다고 말한다. 가정, 학교, 직장, 지역사회를 무대로 골고루 활동하던 삶에서 노년이 되면 가정과 지역사회로 활동 범위가 축소된다. 물론 개인의 차이는 있겠지만 점점 나이 듦에 따라 어느 시점부터는 가정이라는 무대만 남게 된다. 그만큼 가족은 한 개인의 삶에 있어서 평생을 지속해야 하는 가장 긴 관계라는 의미이다. 그러니 가족으로부터 고립되고 소외된다면 삶의 만족, 행복감은 현저히 떨어지게 된다.

여러 연구를 살펴본 결과 노인의 삶의 질을 결정하는 데 있어서 무엇보다 중요한 것이 노인 개인이 주관적으로 인지하는 신체적 건강과 정서적·사회적·경제적 만족도에 해당하는 '심리적 복지(Psycholocigal well-being)', 특히 부모와 자녀 간에 긍정적인 영향을 줄 수 있는 정서적 유대감이 큰 비중을 차지하고 있음을 알게 되었다.

수도권에 살던 오빠는 아이들이 어렸을 때 마음껏 뛰어놀게 해주고 싶다며 지방에 있는 회사로 이직하면서 5년 전 귀촌했다. 엄마는 그 시대 여느 부모들과 마찬가지로 아들 선호사상까지는 아니더라도 아들에 대해 각별한 애정을 가지고 있었다. 아들이 멀리 이사를 간다고 하니 크게 내색하지 않았지만 자주 못보겠다며, 왜 그리 멀리 가는 거냐며 많이 서운해하셨다. 확실히 이사를 한 뒤 오빠네 가족과 함께 모이는 횟수는 줄었다. 하지만 엄마는 여전히 스마트폰을 이용해 오빠와 연락을 주고받았고, 올케는 아이들의 일상 사진을 자주 보내줬다. 스마트폰을 뚫어져라 쳐다보며 손자들의 사진을 크게 확대해서 보고 있는 엄마의 모습은 분명 즐거워 보였다.

그런가 하면 연로한 시부모님을 부양하며 3대가 한집에 살고 있는 친구가 있다. 부모와 아침저녁으로 매일 부딪히며 살고 있지만, 서로 간에 주고받는 대화가 많은 편은 아니라고 했다. 오히려 사춘기에 접어든 아이들은 할머니, 할아버지의 잔소리가 듣기 싫다며 더 집에 있기를 거부했다. 남편은 회식이나 주말에 누리는 휴식까지 통제당하다 보니 부모를 향한 불만도 나날이 커지고 있었다.

많은 사람이 부모 자녀 간 동거 여부(지리적 근접성)가 애착에 미치는 영향이 클 거라고 착각하고 있다. 안타깝게도 부모가 느끼는 심리적 만족은 자녀와 한 공간이나 근거리에서 지낸다고 해서 무조건 얻어지진 않는다. 지리적 요건보다는 오히려 일상에서 소소한 감정들을 어떻게 공유하고 유지하는지 정서적 유대감이 더 크게 작용한다. 그리고 감사하게도 이런 정서적 유대는 평소 서로를 아끼고, 감사하는 마음이 있다면 공간이나 거리와 상관없이 존재하기에 부모의 심리적 복지감에도 충분히 긍정적으로 작용하게 된다.

서구 속담 중 'Out of sight, out of mind(눈에서 멀어지면 마음에서도 멀어진다)'라는 말이 있다. 부모 부양에서도 이 속담은 의미 있는 해석이 가능해질까? 우리는 주변에서 노부모와 함께 살거나 혹은 멀리 떨어져서 생활하는 자녀를 볼 수 있다. 그들에게서 내가 동일하게 들었던 말은 장단점이 있다 였다.

함께 거주하지 않는 자녀들의 경우 부모와 접촉하는 횟수가 적기 때문에 식사나 모임을 갖고, 병원을 모시고 가는 일상에서의 도움을 주는 것은 어려웠다. 하지만 그렇다고 이들 자녀가 부모에 대해 가지고 있는 애정과 존경, 신뢰하는 마음과 애틋한 감정마저 작은 것은 아니었다. 물론 경제적 여건이 되고, 평소 갈등 없이 친밀감이 충분히 유지되었던 부모 자녀 간이라면 경제적·정신적·신체적 부양에서 어느 것 하나 소홀하지 않도록 모두 챙기는 것이 좋다.

하지만 경선의 경우는 다르다. 그녀는 시어머니와 시댁에 대한 원망의 감정이 전혀 회복되지 않은 상태다. 무턱대고 효를 앞세워 부양의 의무만을 강요한다면 가족 내 불화로 이어질 것은 불 보듯 뻔하다. 그러니 경선에게는 부모를 향한 부양의 책임보다는 자신을 위한 심리적 보살핌이 더 시급해 보였다.

역할
나누기

\ /

당연한
역할은 없다

학교에서 새 학기가 시작되면 반장 선출을 한다. 아이는 어느 때는 반장에, 어느 때는 부반장에 선출되었고, 그 자리를 꽤 자랑스러워했다. 그런데 3학년 반장 선거에서는 고배를 마셔야 했다. 많이 실망했을 아이에게 괜찮은지 물었더니 의외의 대답이 돌아왔다.

"괜찮아. 생각해보니 반장은 선생님 심부름도 해야 하고, 봉사도 많이 해야 해서 할 일이 많았어. 차라리 안 된 게 나아."

이것은 물론 낙담한 자신을 위로하려는 아이의 자연스러운 방어적 행동이었지만, 적어도 아이가 반장이란 감투 뒤에 따르는 책임을 이해하고 있다는 점이 기특했다.

학급을 대표하는 반장부터 살면서 우리가 맡게 되는 역할들의 대부분은 스스로 선택한다. 그러니 그 역할이 가지고 있는 책임 또한 자신이 선택한 것이 된다. 하지만 어떤 것은 나의 의사와 상관없이 주어지기도 한다. 그 대표적인 것이 자녀와 형제자매의 역할이다. 그런데 그 역할이 감투보다는 책임이 큰 자리라면 누구라도 거절하고 싶지 않을까.

"더 이상은 못 하겠다. 나도 할 만큼 했고, 이제 내 몸 하나 건사하는 것도 힘에 부치네. 아무것도 가진 것 없이 딸랑 장남 타이틀 하나 가지고 있는 나랑 결혼해서 여태 이러고 사는 네 형수는 또 무슨 죄니…."

종훈은 여태 숨겨뒀던 본심을 꺼냈다. 분명 동생들에겐 충격이 될 거라는 걸 누구보다 잘 알고 있었지만, 더 이상 혼자 책임지고 싶지 않았다.

평생을 맏이로 살아온 종훈은 자신이 꼭 초등학교의 학급 반장 같다고 했다. 선생님 심부름이나 하고, 기껏해야 반 친구들을 상대로 칠판 한구석에 '떠드는 사람'의 이름 석 자 적을 수 있는 권한 말고는 아무것도 가진 게 없는 그런 반장 말이다. 맏이라서 누릴 수 있는 호사는 전혀 없었다. 적어도 종훈이 기억하는 한 그랬다.

간혹 어떤 이들은 부모의 재산이 결국 장남에게 모두 가니 그런 것들을 생각해서 힘들지만 모시고 사는 게 아니냐는 말들도 한다. 하지만 종훈은 부모로부터 물려받을 유산이 있어서 부양을 맡아 하는 것이 아니다. 그저 장남, 아들이라는 명목하에 언제나 희생을 요구받았고, 어느 순간 그것은 너무나 당연한 것이 되어 있었다.

그런 종훈이 처음으로 스스로 양보하고 싶은 것이 생겼다. 25년간 해왔던 부양의 책임, 이제 이것을 양보할 수만 있다면 양보하고 싶다. 그동안 말을 하지 않았던 것은 아니다. 긴 세월 노부모를 모시고 살았고, 장남이라는 이유로 많은 희생을 치르는 자신을 좀 알아봐달라는 이야기라도 할라치면 동생들은 "그래서 우리가 매월 얼마라도 모아서 용돈 드리잖아요"라는 말로 선을 그었다. 종훈은 괜히 형제간 우애만 나빠질 거 같아 힘들다는 말 한마디 하지 못했다.

장남,

사표 써도 될까요?

_____

2남 2녀 중 맏이로 태어난 종훈은 동생들에게 자꾸 서운한 마음이 생겼다. 다 같은 자식인데 왜 자신에게만 모든 부양의 책임이 따라다니는지, 이 무겁기만 한 멍에를 언제쯤 벗어던질 수 있을지 짜증이 날 때도 있다. 아무리 생각해봐도 자라는 동안 동생들보다 더 누린 것도 없다. 오히려 포기하고 희생한 것이 많은데 성인이 되어서도 바뀌지 않는 현실이 불공평하다는 생각마저 들었다. 왜 부양의 의무는 형제들이 동등하게 나눠 가질 수 없는 것인지 종훈은 억울했다. 멀리 산다는 이유로, 경제적으로 여유가 없다는 이유로 멍에의 짐을 함께 나눠 질 생각이 전혀 없어 보이는 동생들이 섭섭하기만 했다.

사실 나 또한 종훈과 비슷한 고민을 했던 때가 있었다. 나는 3남매 중 막내다. 아이가 세 살이 되던 해부터 육아를 위해 친정 엄마와 10년을 함께 생활했고, 아이가 크면서 자연스럽게 엄마는 오빠가 살고 있는 지방으로 이사를 하셨다. 우리 3남매는 엄마의 노후에 대한 책임을 함께 고민하고 서로가 부담되지 않도록 크고 작은 대소사들을 공유하고 배분을 잘하는 편이다. 그런데도 엄마의 식사부터 병원진료, 여가생활 등 많은 부분을 고민하고 지원하는 역할이 함께 생활했던 우리 부부에게 자연스레 맡겨지다 보니 가끔은 나도 종훈처럼 언니, 오빠를 향한 섭섭한 기분이 올라올 때가 있었다. 하지만 기분대로 할 수는 없다. 처음 아이의 육아를 돕겠다고 올라오실 때 엄마는 하던 일을 그만두고 시골집까지 정리하고 이사를 했고, 인생의 많은 부분에 희생을 하셨다. 그게 얼마나 큰 각오였을지를 알기에 내 마음 한편에는 늘 엄마의 희생을 보상해줄 의무가 나에게 있다고 생각했고, 복잡한 감정들은 받아들여야 했다. 자연스럽게 직접 부양자가 된 것이다.

그래도 나의 경우는 어찌 되었든 아이의 육아를 엄마에게 부탁하며 선택한 부양이다 보니 부담되는 상황들을 수긍하는 것이 비교적 수월했다. 하지만 그저 장남이라는 이유로 책임을 떠안은 종훈의 동생들을 향한 서운한 마음은 쉬이 풀리지 않았을 거다. 종훈은 알고 있다. 힘들다고 지금 와서 부양자를 바꾸자고 할 수도 없고, 힘들다고 부양에서 손을 뗄 만큼 모진 성품이 되지 못한다는 것을. 그러니 종훈은 그저 약간의 고생스러움을 동생들이 알아봐주고, 조금이라도 고마워해준다면 그것으로 충분하다고 생각했다.

부모 부양의 형태는 일반적으로 경제적·정서적·신체적 부양으로 구분한다. 자칫 직접적인 부양으로부터 다소 자유롭다고 생각하는 자녀들의 경우 경제적 부양에 많은 비중을 두다 보니, 용돈을 보태는 것으로 자신들의 책임을 다했다고 착각하기도 한다. 하지만 부양은 그것이 전부가 아니다.

실제 부모를 부양하고 있는 사람들이 토로하는 애로사항은 부양에 따른 비용의 부담은 물론이고, 자주 찾아뵙고 가사 일을 돕는다거나, 정서적 지지부터 부양으로 인해 제약받는 직장생활이나 사회생활까지 다양하다. 이렇다 보니 직접적인 부양의 역할을 담당하고 있는 자녀가 그들의 형제자매에게 서운한 감정을 느끼는 것도 자연스러운 일이다. 이들에겐 어쩌면 부양 자체가 주는 스트레스보다 힘이 되어주지 못하는 주변 가족에 대한 서운함이 더 큰 스트레스로 작용하고 있는지도 모른다.

아들, 딸 구별하지 않는
부양의 역할

평균 수명이 길어지면서 부모 부양 기간도 늘어나고 있고, 이제는 부모와 자식이 함께 나이 들어가는 시대가 되었다. 과거에는 자식의 수가 부양해야 하는 부모의 수보다 많아서 그나마 부담을 낮출 수 있었다. 하지만 요즘 시대는 자식의 수가 부양해야 하는 부모의 수보다 적은 경우가 많다.

이렇다 보니 부모 부양에 관한 문제를 온전히 한 개인의 책임으로 돌리기보다는 국가나 지역사회가 함께 책임지고 고민해야 하는 공적인 것으로 보는 관점도 점차 커지고 있다.

부양의 방법 또한 자녀와 동거하는 형태부터 부모가 독립 세대를 구성하여 자녀들로부터 경제적·정서적 지원을 받는 형태, 유료 양로원이나 요양원 같은 시설에 입소하여 자녀들로부터 경제적 지원만 받는 형태로 다양해지고 있다. 65세 이상 고령자 4명 중 1명은 노후를 스스로 책임져야 한다는 생각을 하고 있다. 실제 2002~2018년 통계청 보고서에 의하면 부모 부양의 책임자로 가족을 꼽는 비율은 2006년 63.4퍼센트에서 2018년 26.7퍼센트로 대폭 감소했다.

반면 국가 혹은 사회 등에 의한 공적 부양에 대한 응답률은 2006년 28.8퍼센트에서 2018년 54퍼센트로 높아졌다. 부모 스스로 해결해야 한다는 대답도 2002년 9.6퍼센트에서 2018년 19.4퍼센트로 꾸준히 상승하고 있다. 그에 비해 장남이나 아들 중심 가부장적 부모 부양에 대한 인식은 약해지고 있다. 2002년

15.1퍼센트에서 2018년 1.3퍼센트로 추락했고, 아들과 딸 자녀 모두에게 책임이 있다는 응답도 2018년 19.5퍼센트였다. 이것은 효를 기반으로 한 가족주의적 관점의 부양 의식이 약해지고 있음을 의미한다.

부양의
슬럼프 극복하기

25년 만에 드러내 본 종훈의 욕심은 잘못된 것일까? 마치 직장에서 사표를 쓰듯이 부양에 대한 책임에서 잠시 물러나고 싶다는 의사를 가족들에게 전하면 안 됐던 걸까? 나는 종훈이 이기적인 것도, 그렇다고 부모를 버리려는 불효자도 아니라고 생각한다. 누구나 지치고 힘든 슬럼프를 한 번씩 경험하듯이 종훈은 지금 슬럼프에 빠져 있는 것이다.

종훈은 은퇴가 얼마 남지 않았다. 부양과 상관없이 개인적으로 인생에서 커다란 상실의 경험을 눈앞에 두고 있는 것이다. 종훈에게도 자신이 살아온 인생을 천천히 점검해보고, 앞으로 노후를 계획해보는 시간이 필요하다. 지나친 욕심이라고 생각하지 않는다. 그는 그럴만한 자격이 있지 않은가.

물론 평생을 모시고 살았던 장남이 어느 날 더 이상 부양을 못 하겠다고 선언하면 누구보다 부모에게 큰 충격이 될 것이다. 그러면 혹자는 이렇게 말할지도 모르겠다.

"자식들이 이렇게 부모 부양에 부담을 갖고 있고, 서로 귀찮아한다는 것을 알면 그 부모는 스스로 자책할지도 몰라요. 아마 노인 우울증에 걸릴 수도 있어요. 힘든 사정을 모르는 것은 아니지만 그것처럼 불효가 어디 있겠어요?"

물론 부양 자체를 귀찮아하고, 서로에게 떠넘기려는 가족도 있다. 실제 가정 법원에서 진행되는 수많은 부양료 재판과 관련된 사례들이 그 증거일지 모른다. 때문에 종훈과 노부모 그리고 그의 동생들까지 가족 구성원 모두에게 상처가 되지 않도록 이해와 배려를 바탕에 두고, 원만하게 타협해야 한다.

부모는 함께 나이 드는 자녀를 연민의 눈으로 바라봐줄 수 있어야 한다. 부모들은 나이 듦이 가지고 있는 여러 상실을 미리 경험한 선배다. 종훈의 헛한 마음을 위로하고 격려해준다면 그는 그동안 자신이 얼마나 훌륭하게 주어진 역할을 잘 해냈는지 알 수 있을 것이다. 큰아들에게서 버림받았다는 부정적 프레임으로 바라보기보다는 그동안 함께 지내보지 못한 다른 자녀들과도 시간을 보낼 수 있는 좋은 기회라고 생각해보는 것이다. 부모의 배려에 종훈은 숨통이 트일 것이다.

동생들은 긴 세월 잘했든 못했든 자신들의 몫까지 큰 탈 없이 해낸 종훈에게 고마움을 전해야 한다. 비용 부담을 함께하고 있다는 것으로 부양의 책임을 충분히 나눴다고 생각하는 것은 위험하다. 노부모가 원하는 최고의 부양은 친밀감이라는 점을 잊어선 안 된다. 그리고 이것은 결코 지리적 거리와 관련지어서만 할 수 있는 것도 아니다. 멀리 살고 있다는 것은 좋은 핑곗거리는 될 수 있지만, 충분한 이유는 되지 못한다.

종훈이 겪는 이중 부양의 고충 또한 동생들이 이해하고 배려해야 한다. 종훈은 지금 당장은 아니더라도 얼마든지 자신의 멍에를 함께 나눠 짊어질 동생들이 있다는 것에 큰 위안을 얻고 힘이 될 것이다. 그러니 종훈의 가족에게는 서로에 대해 갖는 상호 의존적 유대관계가 필요하다. 이것이 바로 가족 결속력이다.

가족 결속력의 핵심은 '상호 의존'이다. 어느 한쪽이 일방적으로 다른 한쪽에 의존하는 것이 아니라 서로가 잘 짜진 씨실과 날실이 되어주는 것이다. 주인공 혼자서 처음부터 끝까지 고군분투하는 뻔한 삼류 영화가 되지 않으려면 위기의 순간 제 역할을 톡톡히 해내는 조연들이 있어야 한다. 종훈에게 지금 조연이 필요하다.

몇 해 전 한 연예인의 일가족이 사망하는 안타까운 사건이 있었다. 15년간 혼자서 노부모를 지극정성으로 모셨던 50대 후반의 아버지는 치매에 걸린 80대 노부모를 먼저 살해한 후 스스로 목숨을 끊었다. 유서에는 '부모님 내가 모시고 간다. 내가 모두 안고 가겠다. 용서해달라'는 내용이 있었다고 한다. 기사를 접하는 내내 마음이 너무 무거웠다. 남겨진 가족들의 비통함이 느껴져서이기도 했지만, 지극정성으로 모시던 부모를 상대로 끔찍한 결심을 하기까지 어떤 마음이 들었을지를 생각하니 가슴이 먹먹해졌다.

아버지는 우울증을 앓았던 것으로 확인됐다. 치매에 걸린 노부모를 혼자 부양하는 일은 말로 표현할 수 없을 만큼 힘들었을 것이다. 긴 병에 효자가 나오려면 그 책임을 한 사람에게 전가해서는 안 된다. 초고령화 사회를 살고 있는 우리 모두는 더 이상 부양이 어느 한 명의 히어로가 책임질 수 있는 것이 아닌 공동의 문제임을 인식해야 한다.

함께
늙어가는 사이

\/

어른
고아

나는 가끔 어른이 되고, 나이가 드는 것이 무섭다. 그래서 될 수만 있다면 거부하고, 피해보고 싶다. 내가 나이 드는 만큼 부모는 생의 끝을 향해 걷게 되니 말이다. 내가 나이 먹는 만큼 그들을 밀어내는 죄인이 되는 것만 같다.

고아(孤兒), 부모를 여의거나 부모에게 버림받아 몸 붙일 곳이 없는 아이를 가리키는 말이다. 내가 고아라는 말에서 느끼는 감정은 왼쪽 갈비뼈가 끝나는 부분 바로 아래와 목구멍 전체가 꽉 막힌 듯 묵직해지면서 동시에 뜨거워지는 아픔이다. 일반적으로 성인이 된 후 부모를 여읜 사람에게 고아라는 말을 사용하지 않는다. 한자 뜻 그대로 '아이 아(兒)', 어린아이에게만 사용하는 말이다.

하지만 나는 종종 생각한다. '엄마가 돌아가시고 나면 나는 고아가 되는구나.' 아빠가 돌아가신 지 15년이 되었지만 내가 비탄에 빠지지 않을 수 있었던 이유는 엄마가 있어서였다. 그러나 엄마가 떠나고 나면 난 고아가 되는 것이다. 분명 내겐 다른 가족들이 있지만 아빠, 엄마의 자리는 그 누구도 대신할 수 없다. 그래서 중년이 된 지금도 고아가 되는 것이 무섭고, 슬프다.

내가 나이 드는 것보다 엄마의 나이 듦이, 그래서 언젠가 내가 고아가 될 거라는 사실은 가슴 저미는 고통이다. 태어나 처음 배웠던 말, 내 입으로 처음 내뱉었던 말의 대상이 세상에 존재하지 않게 되는 것이다. 생각만으로 심장이 따끔거린다. 그래서 나는 될 수 있다면 천천히, 아주 천천히 나이 들고 싶다. 그리고 엄마도 천천히, 아주 천천히 늙었으면 한다.

죄책감과 귀찮음,
두 마음이 싸운다

이별은 늘 아프다. 준비한 이별도, 준비하지 못한 이별도 아
픈 건 매한가지다. 그래도 이런 식의 이별은 아니길 바랐다. 혜
원은 직장에서 일을 하던 중 엄마가 쓰러졌다는 연락을 받았다.
병원으로 가는 내내 혜원의 심장은 돌처럼 굳어갔고, 머릿속에
서는 하얀 파도가 부서지고 또 부서졌다. 제발 마지막만 아니길
바랐다. 하지만 의사는 마지막이 될 수 있으니 인사를 하라고 했
다. 더듬더듬 그녀의 친정어머니는 떨리는 목소리를 이어갔다.

"고생만 시켰네. 잘해주지 못해서 미안하다."

혜원은 어머니의 미안하다는 말에 병원으로 달려오는 내내
애써서 겨우 발바닥 밑까지 눌러 놓았던 울음이 터져버리고 말
았다.

"마지막이 왜 미안해야? 엄마, 엄마 나 괜찮았어요. 나 엄마
원망 안 했어. 엄마 죽지 마."

그렇게 차가운 침대에 누워 초점을 잃어가는 어머니를 혼자
수술실로 들여보내며 혜원은 한 번도 느끼지 못했던 두려움에
휩싸였다. 혜원의 어머니는 아직 중환자실에 계신다.

어느 날 면회를 마치고 집에 돌아온 혜원은 밥 한술을 뜨려

고 냉장고에서 김치통을 꺼냈다. 다 먹고 국물만 남은 김치통을 보고 혜원은 다섯 살 아이처럼 엉엉 울어버렸다. 이게 엄마가 담가준 마지막 김치일 수도 있다는 생각을 하니 바닥에 조금 남은 김칫국물도 도저히 버릴 수가 없었다.

무엇이 무거운 짐이었을까? 부양의 책임으로 짓눌렸던 마음이 엊그제인데, 친정어머니가 담가준 김칫국물을 보자마자 흘리는 뜨거운 눈물은 또 무엇이란 말인가? 솔직히 언제까지 혼자서 어머니의 노후를 책임져야 하는지 귀찮아한 적도 있었다. 나이가 들면서 어머니가 만나는 사람들은 현저히 줄었고, 많은 것을 혜원에게 의존했다. 자신도 맞벌이로 자녀 둘을 키우며 빠듯하게 살고 있는데 친정어머니에게 들어가는 용돈부터 근처에 살며 신경 써야 하는 일상의 보살핌과 크고 작은 이벤트를 챙기는 것 모두가 혜원에게는 부담이었다.

가끔 '어디가 아프다, 뭐가 필요하다' 시시콜콜 얘기하는 어머니를 모른 척하고 싶을 때도 있었다. 일부러 전화를 늦게 받거나, 뻔히 뭔가가 필요하다는 말을 들었음에도 "아, 그랬어요? 난 몰랐지"라며 시치미를 뗀 적도 있다. 그럴 때면 외동으로 태어난 자신의 처지가 무엇보다 싫었다.

그런데 전에는 전혀 미안하지 않았던 자신의 철없던 행동 하나하나가 어머니가 수술실로 들어가자마자 너무나 선명하게 떠오르기 시작했다. 그녀는 생각했다. '어머니가 언젠가 내 곁을 영영 떠날 수도 있다는 생각을 조금만 빨리 했더라면 부양이 주는 압박감에서 조금은 편안해질 수 있었을까? 내가 조금 더 신경 썼더라면 어머니가 쓰러지는 일은 없었을까? 몸이 안 좋다는 이야기를 들었을 때 곧바로 병원에 모시고 갔더라면 괜찮았을까? 경제적으로 여유가 있어서 함께 동거하며 부양했더라면 건강하셨을까?' 죄책감에 사로잡힌 혜원은 후회의 늪에서 빠져나올 기미가 보이지 않았다. 그녀는 상황이 나빠진 후에야 어머니를 상대로 품었던 미움, 짜증, 귀찮음, 애틋함, 죄스러움 등 여러 색깔의 감정이 비로소 보이기 시작했다.

여러 색깔의
감정

———

러시아 문학의 거장 톨스토이가 50대 중년에 접어들며 쓴 《참회록》에는 동양 우화 '안수정등(岸樹井藤)'에 관한 이야기가 소개되어 있다. 초원에서 사나운 맹수의 습격을 받은 나그네가 맹수를 피해 오래된 마른 우물로 몸을 피했다. 그런데 우물 바닥에는 그를 단숨에 삼키려는 용(뱀)이 입을 벌리고 있었다. 밖에는 맹수가, 우물 아래에는 용이 그를 위협하고 있는 것이다. 할 수 없이 중간 틈새에 나 있는 야생 관목 줄기를 잡고 간신히 몸을 지탱하고 있는데, 그 줄기마저 흰쥐와 검은 쥐가 맴돌며 갉아먹기 시작했다. 자기 멸망을 피할 수 없는 절체절명의 순간인 것이다. 그런데 이 나그네는 어이없게도 그 순간 관목 잎에 꿀이 묻어 있는 것을 발견하고 혓바닥을 갖다 대고 핥기 시작했다. 사방에서 자신을 죽음으로 몰고 가려는 위협이 도사리고 있는 그 순간 꿀을 핥고 있었다.

나라면 어떨까? 어떻게든 빠져나가기 위해 어떤 궁리를 할 수 있을까? 도대체 저 꿀이 얼마나 달고 맛있길래 포기하지 못하는 걸까? 생각이 많아졌다. 힘들지만 인생을 견디게 하는 힘으로 해석해야 하는 것일까? 그저 순간의 고통을 잊게 해주는 쾌락 정도라고 해석하는 게 맞지 않을까? 혼란스러웠다.

톨스토이는 이 꿀의 정체를 '가족'이라고 했다. 그는 모든 인간은 같은 조건으로 살아가고 있으며, 어느 순간 자신과 주변 사람을 기만하며 거짓 속에서 살고 있다고 다소 비관적으로 말한다. 거장의 통찰을 무시할 수가 없다. 저 꿀에 돈, 명예, 권력, 성공, 학력 등 여러 가지를 대입해봤으나 마땅히 고통을 견딜 만한 무엇은 되지 못했다. 그런데 가족이라면 그 의지가 달라질 수 있겠다 싶었다. 나의 삶과 죽음의 연장선에 함께 서 있는 것은 바로 가족이다.

어머니를 미워했던 자신이 더 미워진 혜원, 그녀가 어머니를 통해 느꼈던 두 가지 마음을 욕할 수 있는 사람이 세상에 몇이나 될까? 톨스토이의 말처럼 기만이고 위선이라 하더라도 부모는 자녀에게, 자녀는 부모에게 그렇게 마음을 주고받는 관계라고 말하고 싶다. 한때는 서운하며 미워도 했던 어머니지만 그 어머니가 해준 김치의 마지막 남은 국물조차 버리는 것이 애틋하고 죄스러운 혜원의 마음에 그 어떤 탓도 할 수 없다. 지인 중에는 친정어머니가 담가준 마지막 김치를 차마 냉동고에서 꺼낼 엄두조차 못 내는 사람도 있었다. 그러니 그녀에게 해줄 수 있는 말은 "당신만 그런 게 아니에요"일 뿐.

어린 시절 아카시아 잎사귀 한 줄을 따서 한 잎 한 잎 떼어내며 했던 놀이가 있다. '좋아한다, 안 좋아한다, 좋아한다, 안 좋아한다.' 아카시아 잎사귀 한 줄에 '좋다, 안 좋다'가 몇 개나 붙어 있는지 모른다. 우리의 마음도 그렇다. 같은 대상에 대해 얼마든지 두 개의 양가감정을 가질 수 있다. 내가 힘들 때는 곱지 않은 감정이 앞장서 나올 것이고, 조금의 여유가 생기면 따뜻한 감정들이 봄 새싹 움트듯 돋아날 것이다. 인간의 간사한 마음으로 치부할 수도 있고, 톨스토이처럼 기만이라고 할 수도 있다. 하지만 우리의 마음은 이렇게 수없이 많은 저울질 끝에 겨우 균형을 잡게 되는 걸 어쩌겠는가? 자녀마다 그 부모를 상대로 키웠던 희로애락의 마음을 알아차리는 시기가 각자 조금씩 다를 뿐, 잊고 사는 것은 아니다.

강의 때 간혹 수퍼의 진로발달 이론에서 제시한 '생애 진로 무지개'를 그려보도록 요구한다. 내 삶에서 경험하는 역할들을 나이대로 그려보는 활동인데, 그 역할 중 자녀의 선을 긋는 것에 의외로 망설임이 컸다. 자녀의 역할이 시작된 것은 0세부터이다. 그리고 자녀의 역할이 끝나는 때는 자신의 부모가 모두 사망한 시점이 된다. 아직 부모가 살아계시지만 대략 내 나이가 몇 살이 되었을 때 부모님이 돌아가실지를 상상해서 선을 긋는 간단한 활동이다. 그런데 사람들은 차마 선을 긋지 못한다. 그것이 마치 실제 부모의 죽음처럼 크게 느껴지기 때문이고, 동시에 여러 색깔의 감정이 살아나기 때문일 것이다. 이는 부모나 자녀가 잘하고 못하고의 문제는 아닐 거다.

진짜 목소리
발견하기

혜원이 가진 두 마음은 어쩌면 많은 사람이 경험하는 일반적이며, 자연스러운 일이다. 하지만 그렇다고 이것에 아무런 고통이 따르지 않는 것도 아니다. 혜원의 현실은 외동딸로서 긴 시간 부모를 부양했으니 고달팠을 것이다. 힘든 상황을 내세워 부양의 책임으로부터 자유로워지고 싶어도 마음대로 그 짐을 내려놓지도 못하니 짜증과 원망이 생겼을 것이다. 그렇다고 솔직하게 자신의 힘듦을 내세우지도 못하니 부양을 하고는 있지만 기꺼움이 그 안에 발동되지 못하고 불편한 감정만 억압되어 남게된 것이다. 그런데 연민이 강한 혜원으로서는 이런 불편함을 느끼고 있는 스스로가 오히려 못마땅했다. 그러다 보니 그것이 자신을 혼란스럽게 하는 죄의식과 자책으로 연결되었던 것이다.

마음 깊숙한 바닥에서는 '너 할 만큼 했어. 이 정도면 충분해. 부모에게 받은 것도 없잖아. 너도 힘들잖아'라며 스스로를 위로하는 목소리가 들린다. 그런데 동시에 다른 한편에선 이런 소리들을 짓누르며 제압하는 목소리가 나타난다. '자녀가 그런 마음먹으면 안 되지. 너밖에 모르는 이기적인 애야. 키워준 은혜도 모르는 불효녀, 천벌 받아.' 이런 도덕적인 명령들이 혜원의 마음을 흔들어 놓는다. 어떤 때는 반항하며 어머니를 향해 "나도 할 만큼 했어요"라고 말하게 했고, 어떤 때는 불효를 하는 것만 같아 괜히 어머니에게 용돈을 드리는 것으로 마음의 평안을 찾고자 했다. 혜원은 자신의 일관되지 못한 부양의 태도가 어머니를 더 아프게 했을 거라는 근거 없는 오류에 빠졌다.

게슈탈트 심리치료에서는 한 사람의 내면에 서로 다른 두 개의 목소리를 '상전(Topdog)'과 '하인(Underdog)'이라고 명명한다. 상전은 신념처럼 굳어진 가치나 도덕적 명령들로서 권위적이고 지시적이다. 반면 하인은 내면에 억압되고 희생된 인격적 측면을 대표한다. 쉽게 하인은 겉으로 표현하지 못하는 내 속마음이고, 상전은 사회에서 요구되는 도덕적 규범 같은 것이다.

일과 자녀 양육으로 지칠 대로 지친 워킹맘이 있다. 휴일에는 자신을 위해 휴식을 취하면 좋은데 스스로 만들어 놓은 '좋은 엄마' 프레임에 갇혀 매주 아이들을 데리고 먼 곳까지 견학을 다닌다. 이때 몸과 마음에 슬럼프가 찾아온다면 이 또한 내면의 상전과 하인의 싸움이 시작된 것이라 볼 수 있다. 우리가 흔히 겪는 내적 갈등이다. 그러니 혜원은 스스로를 유별난 사람으로 치부하지 않아도 되는 것이다.

타인과의 갈등을 즐기는 사람은 없다. 내적 갈등은 외부에서 내가 타인과 겪는 갈등이 나의 내면에서 진행되고 있는 것과 유사하다. 그러니 나만이 느끼는 말 못 할 고통이다. 고통을 완화하기 위해서는 진짜 자신의 내면 목소리가 무엇인지 스스로 알아차리는 것부터 시작해야 한다. 혜원의 경우 '이 정도면 충분해, 너도 힘들었잖아'가 될 것이다. 이 목소리에 힘이 생겨야 한다. '그 정도로 효도했다고 하면 안 되지'라고 시비를 걸어오는 소리에 맞서 대응할 수 있는 용기 말이다.

어머니를 부양하며 느꼈던 즐거운 일들, 어머니로부터 만족해하는 인정과 사랑을 받았던 일 등 여러 경험에서 긍정적인 사건들을 기억하는 것도 도움이 된다. 그런 증거들이 수집되면 시비를 걸어오는 목소리의 힘도 점차 작아지게 된다. 비로소 서로를 견제하며 미워했던 두 마음 사이에서 타협을 통한 화해가 가능해진다. 혜원이 기억해낸 어머니의 말은 이것이다.

"엄마는 네가 있어서 너무 행복해."

PART 3

부모와 자식의 사이,
내 마음 헤아리기

남이 된 것이 아니라
성인이 된 것이다

사랑의 대가를
바라지 않는다

\/

돈으로 환산된
사랑의 가치

자식은 전생의 빚쟁이라는 속담이 있는가 하면 세상에 공짜는 없다는 말도 있다. 부모라면 마땅히 자식에게 대가를 바라지 않고 퍼주는 것과 뒷바라지한 만큼의 대가를 요구하는 것 중 어느 쪽이 맞고, 어느 쪽이 틀린 것일까?

오래전 어렵게 뒷바라지해서 아들을 의사로 키운 어머니가 아들을 상대로 부양료 청구소송을 낸 사건이 있었다. 아들은 월 800만~1,000만 원의 수입을 올리고 있었지만 생활에 어려움을 겪고 있던 어머니와 사이가 틀어진 이후로 용돈을 보내지 않았다. 법원은 아들에게 어머니가 돌아가실 때까지 매월 50만 원의 생활비를 드리도록 조정했다. 부모 자식 간 사랑의 가치가 돈으로 환산된 거다.

인간 관계 속 사랑의 가치가 원하는 방식으로 교환되지 않을 때 피로 맺어진 부모 자식이지만 타인보다 못한 관계로 전락해버리기도 한다.

70대 초반의 양순을 만난 건 지방에서 진행했던 저자 강연 때였다. 강연을 마치고 짐을 꾸리는 내게 양순이 다가왔고, 자식을 향한 불만을 토로했다.

"작가님, 부모가 자식한테 필요한 것이 있어서 좀 사달라고도 할 수 있고, 뭐 용돈 좀 요구할 수 있는 거 아니에요? 그게 그렇게 잘못된 건가요? 지들 뒷바라지는 누가 다 했는데요?"

급히 필요한 돈이 있어 출가한 딸의 도움을 받으려 했는데 보기 좋게 거절당했다고 한다. 여유롭지 못한 딸의 사정을 알기에 상황은 이해할 수 있었지만 부모를 원망하는 딸의 말이 두고두고 속상했다고 한다.

"내가 무슨 엄마 은행이야? 툭 하면 전화해서 돈 달라고 하고. 해준 것도 없으면서 마음 불편하게…. 엄마 이럴 때마다 나

정말 너무 힘들어."

　없는 살림이지만 구김살 없이 키우려 애썼기에 부모가 왜 해준 게 없느냐고 따져 묻고 싶었지만 참았는데, 억울하고 분한 마음은 시간이 흘러도 도저히 가시질 않았나 보다.

마음의 빗장을
걸어 잠그다
───────

　양순의 딸은 늘 엄마에게 자랑스러운 존재였다. 학창시절 내내 상위권의 성적을 유지하며 엄마인 양순의 기를 살려주더니, 과외 한번 받지 않고 명문대에 합격해 4년 내내 장학금도 받았다. 대학을 졸업한 후에는 모두가 부러워하는 대기업에 바로 취직했고, 서른 살이 되던 해 같은 회사 선배와 결혼했다. 여전히 워킹맘으로 살고 있는 딸이 양순에게는 '보기만 해도 배부른' 든든한 존재이다. 그런데 최근 들어 딸은 연락이 뜸했고, 명절이나 생일에도 바빠서 내려오지 못한다며 용돈만 보냈다. 일하랴 아이들 키우랴 당연히 힘들 거라는 생각에 대수롭지 않게 여겼다. 그러다 오랜만에 전화를 한 것이었는데 딸의 태도는 뭔가 전과는 달랐다.

밤새 끙끙 앓으며 양순이 생각하고 또 생각해봤다. '그 아이가 왜 그랬을까?' '집에 무슨 일이 있는 걸까?' '부부 싸움을 했나? 애들이 속을 썩였나?' 아무리 생각해도 도무지 마땅한 이유를 찾아낼 수가 없었다. 결국 양순의 생각은 3개월 전 사건에 미쳤다.

3개월 전 딸에게서 전화가 왔고, 분양받은 아파트 중도금을 납부해야 하는데 돈이 조금 부족하다며 혹시 여윳돈이 있으면 빌려달라고 했다. 남편의 퇴직 후 연금과 자식들에게 받는 용돈을 보태서 생활하고 있는 양순에게 그만한 돈이 있을 리가 없었다. 딸은 실망한 눈치였고 곧바로 전화를 끊었다. 그리고 얼마 지나 어떻게 해결되었는지 궁금했던 양순이 전화를 하니 대출금을 늘려서 해결했다는 소리만 들을 수 있었다. 양순은 그저 다행이라고 생각했지, 딸이 그것으로 섭섭한 마음을 가지고 있을 거라는 생각은 하지 못했다.

양순은 다시 서운하면서 화가 나기 시작했다. 부모 사정 뻔히 아는 딸이 이런 이유로 엄마를 홀대했다고 생각하니 괘씸한 마음이 진정되질 않았다. 더 이상 도움이 되지 않으니, 쓸모없는 사람으로 치부되어 버려졌다는 생각이 커져만 갔다.

'부모라면 당연히,
자녀라면 당연히'는 없다

요즘 거리를 지나다 쉽게 볼 수 있는 것 중 하나가 뽑기 기계다. 인형, 장난감, 사탕, 캡슐에 생활용품까지 신기하게 많은 물건이 기계 안에 들어가 있다. 간혹 운이 좋으면 투자한 돈보다 몇 배나 비싼 물건을 얻을 수 있다.

생각해보니 어린 시절 학교 앞 문방구에도 뽑기 판이 있었다. 뽑기 종이 하나를 뜯어낼 때마다 어찌나 심장이 쫄깃했는지…. 문방구에서 파는 불량식품 과자부터 학용품까지 상품도 다양했다. 그래서 뽑기에 성공한 날이면 콧노래가 절로 나는 즐거운 하굣길이 되었다. 내가 투자한 것보다 더 큰 보상이 뒤따르는 것만큼 짜릿한 것도 없을 거다.

나는 이런 심리가 특정 사람들에게만 나타난다고 생각하지 않는다. 식당에서 서비스로 나온 달걀 프라이 하나부터 평소에 사고 싶었지만 비싼 가격 때문에 망설였던 물건의 50퍼센트 할인 행사, 대출받아 산 집값이 껑충 뛰어 남게 되는 이익까지, 이것들을 마다할 사람은 없을 것이다.

인간관계에서도 마찬가지다. 어떤 대상과의 상호작용에서 생기는 기대와 보상은 지극히 자연스러우며 '기쁨, 만족, 충족'이

뒤따른다. 그런데 양순은 기쁘지 않았고 그녀가 기대한 보상은 빗나가고 있었다.

우리는 흔히 인간관계를 구성하는 중요한 요소 중 하나로 주고받는 관계, 즉 '기브 앤드 테이크(Give and Take)'를 뽑는다. 혹자는 이 말을 '세상에 공짜는 없어'라는 뜻으로 해석하며 부정하기도 한다. 특히 천륜으로 맺어진 부모와 자녀관계에 적용해서 말하는 사람을 효의 덕행을 거스르는 비도덕적인 생각을 가진 사람이라며 불편한 심기를 드러내기도 한다.

나는 묻고 싶다. 그렇다면 부모는 끝까지 자녀를 위해 희생해야 하는가? 자녀는 무슨 일이 있어도 부모를 부양해야만 하는 것인가? 심리상담을 통해 부모와 자녀는 말할 것도 없이 가족 안에서 무조건적으로 강요되는 희생과 책임으로 고통받는 사람들을 여럿 만났다. 어쩌면 나의 가족 중에도 이렇게 강요 아닌 듯 강요되고 있는 책임감과 죄책감의 굴레에서 살고 있는 사람이 있을지 모른다.

너무 감상적이기보다는 이성적이며 합리적으로 생각해봤으면 한다. 사회교환이론은 인간은 누구나 타인과의 상호작용에서 내가 받고 싶은 보상은 최대화하고, 지불해야 하는 비용을 최소화할 수 있는 상황을 선택한다고 가정한다. 사회교환이론에 따르면 '사회적 상호작용'이란 행위자 간에 가치 있는 물질적·비물질적 보상을 주고받는 교환 과정으로 설명된다. 보상의 대상이 되는 자원으로는 현금, 지식, 기술, 사회적 인정, 사랑, 존경, 복종 등 물질적 자원뿐 아니라 비물질적 자원까지 다양하다. 중요한 것은 상호관계의 당사자들 간 보상이 계속되면 그 관계도 유지되지만, 반대로 교환관계에서 호혜성의 원칙이 깨지면 상호관계는 단절된다고 본다.

우리 사회는 '부모라면 당연히, 자녀라면 당연히'라는 효 사상을 바탕으로 한 부양 규범이 아직까지 사회적으로 통용되고 있기 때문에 여기에서 말하는 '교환'과 '보상'에 따른 관계 유지 여부가 거북할 수도 있을 거다. 그러나 부모-자녀를 여러 인간관계 모델 중 하나로 본다면 당연한 이치로 받아들일 수도 있을 거다.

노부모들은 나이가 들면서 자녀가 원하는 것들을 바로바로 해줄 수 없고, 오히려 자녀에게 받아야 하는 반대의 입장이 되다 보니 상호 호혜의 원칙이 깨질 수밖에 없다고 한다. 쉽게 교환의 균형이 깨지는 것이다. 노부모의 자원은 성인이 된 자녀가 가진 자원과 다르게 지속적으로 감소하는 것이 일반적이다. 교환관계에서 불리해진 노부모는 자신이 가진 자원과 비례해 그 지위나

권력이 낮아지거나 사회적 관계가 축소되기도 한다. 이것은 모른 척 회피하거나 억지로 강요하는 것으로 맞출 수 있는 균형은 아니다. 그러니 부모든 자녀든 자신이 준 것과 받은 것의 자원과 보상을 두고 어느 한쪽은 섭섭하고, 다른 한쪽은 억울한 감정을 벗어나지 못하는 경우도 생긴다.

부모와 자식 간에도
손익 계산이 필요하다

젊은 자녀들은 그들의 경제적 수입이나 부를 자신의 노력으로 이루어낸 대가로 보기 때문에 '자신의 것'이라고 간주한다. 하지만 간혹 노부모들은 자녀의 수입이라 할지라도 자녀의 것만이 아니라 부모의 희생을 기반으로 만들어진 것이라고 생각한다. 때문에 '가족 전체의 것' 또는 자신에게도 '상당의 몫'이 있다고 간주한다. 이로 인해 갈등이 시작된다.

나 또한 이기적인 생각에 빠져 있던 때가 있었다.

'엄마가 나한테 해준 게 뭐가 있다고. 대학 때부터 아르바이트로 학비와 용돈을 직접 해결했고, 결혼도 내 돈으로 다 준비했어. 대학 입학한 이후로는 엄마 도움 없이 나 혼자 고생해서 여

기까지 온 거야. 엄마가 나한테 뭘 요구하면 안 돼.'

늘 나는 엄마에게 받은 것이 없다고 말했다. 그때마다 엄마는 왜 해준 것이 없냐고 억울해하며 화를 내셨다. 하지만 나는 엄마의 억울함보다는 힘들었던 내 젊은 날이 더 불쌍하고 가여웠다.

그런데 5년 전 심장부정맥 약을 먹고 있던 엄마의 상태가 나빠졌고, 결국 수술을 해야 했다. 병원에서는 크게 걱정할 만한 수술은 아니라고 했지만, 나는 '혹시 잘못되면 어쩌지…'라는 생각에서 벗어날 수 없었다. 그제야 여지껏 살아오며 엄마에게 받았던 수많은 것이 주마등처럼 떠오르기 시작했다. 식탁 위를 온통 빨간색으로 채웠던 종류별 김치들, 차 안에서라도 챙겨 먹으라며 새벽부터 일어나 싸줬던 김밥과 도시락, 아프다면서도 주차장까지 출장 짐을 옮겨주던 투박하고 거친 손…. 가슴이 저며왔다. 그동안 나는 제대로 준 것도 없이 엄마에게 얼마나 많은 것을 받아왔고, 누리며 살았는지 비로소 알아차릴 수 있었다. 나의 오만했던 말들에 상처받았을 엄마를 생각하니 억누르려 노력했지만 목구멍부터 타고 올라온 눈물은 멈추질 않았다.

관점을 바꾸면 갈등의
골을 메울 수 있다

자칫 너무 계산적으로 보일 수도 있지만, 사회교환이론 관점으로 양순의 사건을 접근해본다면 쉽게 해결할 수도 있을 것이다. 어느 한쪽의 일방적인 희생과 이익을 요구하지 않으며, 쌍방 간의 호혜적 상호작용을 유지하는 것이다. 그리고 상호 간 주고받은 도움에 들어가는 비용보다는 누리는 혜택이 크다고 자각하는 순간, 갈등의 골을 메울 수 있다. 평소 자신이 받고 있는 혜택에 대한 만족이 높을수록 부모 자녀 사이 관계의 질 또한 높아질 수 있다. 그러나 문제는 자녀가 원하는 혜택은 물질인데 부모는 사정상 그것을 줄 수가 없는 경우처럼, 두 사람 사이 교환을 원하는 자원이 서로 다른 경우다.

아이가 어렸을 때 마트에 가면 장난감 코너를 되도록 피하는 동선으로 쇼핑을 했다. 하지만 간혹 이렇게 신경 쓴 노력이 물거품이 될 때가 있다. 아이는 매의 눈으로 정확하게 본인이 사고 싶었던 장난감을 척척 잘도 찾아냈다. 물론 원하는 것을 다 사줄 수도 있겠지만 때때로 아이의 요구를 거절해야 할 때도 있다. 우선 갖고 싶은 아이의 욕구는 충분히 알아줬다. 그리고 왜 가지고 싶은지와 그 장난감으로 무엇을 하며 놀고 싶은지 그 목적에 대해 물었다. 집에 이미 아이가 원하는 욕구를 충족하며 놀수 있는 대체 장난감이 있다면 그것을 떠올릴 수 있도록 해줬다.

"이 인형이 너무 갖고 싶었구나. 옷이 예뻐서? 엄마가 봐도 참 예쁜 것 같아. 그런데 집에 비슷하게 생긴 인형이 있네. 그걸로 계속 놀고 대신 예쁜 옷을 하나 만들어주는 건 어떨까?"

나는 아이에게 꼭 그 장난감이 아니어도 된다면 차선책을 선택하도록 했고, 이 방법은 대부분 통했다. 물론 노부모와 성인 자녀 사이에 주고받는 자원은 어린아이의 장난감과는 다른 형태이다. 그렇다고 아예 동떨어진 것도 아니다. 교환의 물질보다 중요한 것이 교환의 정성이기 때문이다. 오 헨리의 소설 속 가난한 부부가 각자의 머리카락과 시계를 팔아 마련한 크리스마스 선물이 그 자체로서 사랑이었던 것처럼 말이다.

물론 경제적 보상을 정서적 보상으로 완벽하게 대체할 수는 없다. 자신이 원했던 것을 받지 못했기에 보상에 대한 만족감은 떨어질지도 모른다. 하지만 그것마저도 이해해주지 못한다면 그동안 축적된 부모 자녀 사이 관계의 질에 대해 냉정히 돌아봐야 할 부분이라 생각한다.

붙잡고 싶은
마음

\\/

문제를 만드는 건
누구의 탓일까

마치 꼭두각시처럼 행동하지만 그것이 언제부터인지 확실하지도 않고, 원인이 부모 때문인지 아닌지도 명확하지 않은 경우가 있다. 부모가 요구하는 것이 마음에 들지 않지만 어느새 그 요구대로 움직이는 자신을 알아차리며 흠칫 놀라기도 한다.

"애미냐? 선반 고칠 게 있어서 혼자서 해보려다 넘어져서 꼼짝을 못 하겠다. 자식이 같이 안 사니 이런 게 문제네."

"애미냐? 명절 때 아니면 볼 수가 없구나. 아범이 원래 이런

애가 아니었는데…. 요즘은 내 아들이 아닌 거 같아. 집에 뭐 얼마나 좋은 걸 숨겨두었기에 그런다니?"

"애미냐? 다리가 아프니 혼자서 병원도 못 가겠고, 밥맛도 없다. 이러다 혼자 죽어도 아무도 모르겠어."

그냥 필요한 것을 요구하고 직접 말해주면 좋을 텐데 자꾸 불효자를 만드는 경우다.

"너희 키우느라 얼마나 고생했는지 알면 이렇게는 못하지."

"없는 살림에 자식들 대학까지 다 공부시킨 집은 그 동네에 우리 집뿐인 거 알지?"

"젊어서 죽어라 썼더니 몸이 성한 곳이 없네…."

도대체 뭐가 그렇게 못마땅한 거냐고 따져 묻고 싶지만 아무 말도 하지 못한다. 따져 물어봐야 끝은 언제나 부모를 모른 척하고 사는 죄 많은 자식에서 한 발짝도 벗어나지 못하기 때문일 거다.

자녀라고 무작정 빚만 지고 사는 빚쟁이만은 아닐 텐데 어떤 부모는 끊임없이 자식들의 수치심과 죄책감을 건드린다. 대놓고 나무라지는 않지만 곰곰이 생각해보면 참 나쁜 자식이라고 손가락질당한 기분이다. 알면서 '당해봐라'는 심정인 걸까? 몰라서 그냥 하는 넋두리일까? 부모의 진짜 속마음을 알 리 없는 자식들은 그저 답답하고 때로는 억울하다.

자녀는
빚쟁이가 아니다

결혼한 후로 아들이 변했다는 시어머니의 말에 유쾌한 며느리는 없다. 어느 경우는 시어머니 말처럼 원래 효자였던 남편을 불효자로 만들어버린 것은 아닌지 자책하기도 한다. 진희의 시어머니는 정말 사소한 것 하나하나에 아들을 불렀다. 결혼 초 남편은 어머니 댁에 형광등 교체해드리러 가고, 공과금 고지서를 확인해드리러 가고, 장 본 것을 옮겨드리러 가고…. 그야말로 시도 때도 없이 불려갔다. 하지만 그때마다 진희는 아무런 불평도 하지 못했다.

결혼 전부터 남편은 어머니가 병든 아버지를 간병하면서 두 형제 공부시키느라 고생을 많이 하셨다는 말을 여러 번 했다. 돈 많이 벌어서 그동안 어머니에게 진 빚 다 갚고, 호강시켜 드려야 한다는 말을 입이 닳도록 했기에 이 정도는 양보해야 한다고 생각했다. 하지만 진희가 첫 아이를 낳았을 때 시어머니는 "우리

아들 고생길이 훤하네. 조금만 더 있다가 임신해도 될 걸 뭐 그리 급하다고…" "애미 네가 애만 조금 늦게 가졌어도 아범이 저리 고생은 안 했을 텐데…"라며 진희를 죄인 취급했다. 처음에는 모진 말을 서슴없이 하는 시어머니가 그저 미웠다. 그래서 남편에게 서운한 기색이라도 내비치려고 하면 남편은 늘 "엄마가 혼자서 고생을 많이 하셨잖아. 노파심에 걱정돼서 그러는 거지. 자기가 조금만 이해해주라. 불쌍한 분이셔"라며 진희를 다독였다. 남편에게 이런 말을 듣고 나면 잠깐이라도 어머니를 미워한 자신이 못된 며느리라는 생각이 들어 죄스러웠다. 이렇게 비슷한 상황들이 반복되면서 시어머니의 요구는 마땅히 모두 들어줘야 좋은 며느리라는 진희만의 신념이 만들어졌다.

자신의 인생을 무기로
감정적 덫을 놓는 부모

심리조종자, 가스라이팅(Gaslighting)이란 말이 있다. 타인의 판단력을 잃게 만들고, 정신을 지배하면서 조종하는 것이다. 일종의 학대 행위로 이것은 부모 자녀관계에서 흔히 일어난다.

예를 들어 지금 당장 들어주기 어려운 부모의 요구사항을 거부한 자녀에게 "늙으면 죽어야 하는데 무슨 부귀영화를 누리 겠다고 이렇게 자식들 고생시키며 살고 있는지…"라며 신세 한 탄을 한다. 이럴 경우 자녀는 자신의 생각과 행동에 대해 '부모님 이 원하는 것도 들어주지 못하니 나는 좋은 자녀가 아니다' '내가 너무 이기적인 걸까?' '내가 잘못한 게 맞아'라고 의심하고 자책 하면서 결국 부모가 원하는 바를 무리해서라도 들어주려 한다.

어떤 부모는 자신이 살아온 인생을 무기 삼아 자녀에게 덫 을 놓는다. 부모가 보내는 무언의 신호는 '나를 좀 봐다오'이다. 직접적으로 언급하는 것은 자식을 귀찮게 하는 일이고, 이것으 로 관계가 멀어질 수 있고, 그렇게 될 경우 책임이 자신에게 주어 지기에 누군가의 탓으로 돌려야 한다. 그래서 무의식적으로, 또 어느 부분부터는 의식적으로 자녀가 벗어나지 못하도록 마음에 덫을 놓는 것이다.

사람들은 스스로 견디기 힘든 생각이나 욕구들이 마음속에 서 올라오면 무의식적으로 다른 사람에게 그것을 떠넘기면서 자 신이 느끼는 고통과 불안의 부정적 감정을 줄이려고 한다. "너 때문이잖아." "네가 그런 선택만 하지 않았더라면 이런 일은 안 생겼을 거야." 가족, 동료, 친구 등 다양한 관계 속에서 우린 남 탓을 하며 나의 괴로운 심리를 조절하는 것이다. 이것을 '투사'라고 한다. 그리고 이 투사가 조금 더 적극적으로 이루어지는 것을 심리학자 멜라니 클라인은 '투사적 동일시'라는 개념으로 설명한다. 자녀에게 그물을 던지는 것은 바로 투사적 동일시에 해당한다. 특히 이것은 직접적인 언어로 표현되기보다는 표정, 손짓, 신체 동작이나 대화를 할 때 드러나는 침묵이나 한숨, 헛기침 등 비언어적인 수단을 동반해서 상대에게 무언의 압박을 가하기도 한다. 이러한 투사적 동일시에는 〈의존적 투사적 동일시, 힘의 투사적 동일시, 환심 사기의 투사적 동일시〉가 있다.

"나는 혼자 힘으로 살 수가 없다. 내가 불쌍하지도 않니?" "내가 뭘 어떻게 하면 되겠니?" "나는 너 없이는 아무것도 할 수 없어. 너도 알잖아." 이는 *의존적 투사적 동일시*다. 내가 손을 놓으면 부모에게 무슨 일이 일어날지도 모른다는 연민의 감정이 올라오면서 마음이 약해질 수밖에 없다.

"내 도움 없이 혼자서 살 수 있을 것 같아?" "너는 나 없이 살수 없어." "내가 시키는 대로 해." "나를 따르라." 이는 *힘의 투사적 동일시*다. 무의식적으로 힘의 메시지를 전달해서 자녀를 자신의 권력 아래에 두고 지배하려는 욕구가 들어 있다.

"나에게 빚을 지고 있는 거 알지?" "내가 너를 위해서 얼마나 많은 것을 해줬는지 알면 그렇게 못할걸." "나는 쉬지 않고 일했다." 이는 자신이 헌신하고 도움을 준 공로를 상대가 인지하도록 하는 **환심 사기의 투사적 동일시**다.

이런 방식의 요구는 자녀로 하여금 생각할 틈을 허락하지 않는다. 부모가 한 말에 나의 감정과 생각은 버려지고, 순간 죄의식에서 빠져나오지 못하고 효자로서의 역할을 충실히 해내는 배우로 전락하고 만다. 우리가 가스라이팅 당하는 이유는 죄의식, 열등감, 공격성, 수치심같이 직면하기 어려운 내면의 핵심 감정이 건드려지기 때문이다.

감정의 사슬
풀기

가스라이팅을 당하는 사람들의 공통점 중 하나는 공감력이 높다는 점이다. 이들은 타인의 어려움에 강한 연민을 느끼는 감성을 가지고 있는 것이 특징이다. 때문에 가스라이터가 도덕적 기준으로 제시하는 선과 악의 이분화된 덫에 걸려 수치심은 커지고, 자기 주장은 사라지게 된다. 이들은 가스라이터가 요구하는 것을 무조건 수용하는 것이 비합리적일 수도 있다는 것에는 동의하지만 그것을 바로잡을 용기는 내지 못한다. '연민, 두려움,

죄의식, 수치심'의 감정이 만성화되어 있기 때문이다.

가스라이팅으로부터 벗어나기 위해서는 첫째, 자신이 느끼는 연민, 두려움, 죄의식, 수치심의 감정이 오롯이 내가 느끼는 나의 감정인지를 냉정하게 분리하고 그 감정들과 연결된 생각을 점검해야 한다. 더불어 내가 진실이라고 믿으며 그대로 행동하지 않으면 나쁜 사람이라는 죄책감을 안겨주던 도덕적 신념들의 예외를 점검해야 한다.

'어머니는 내 도움 없이는 살 수 없어' '어머니가 고생하고, 지금처럼 사는 이유는 모두 나 때문이야' '나만 잘하면 아내와 어머니, 모두가 좋아질 거야'라는 생각은 어떤 상황에서도 틀림없는 진실일까? 스스로에게 한 번 더 물어보자. 우리가 사실이라고 믿고 싶은 많은 것이 근거 없는 나만의 착각일 수도 있다.

둘째, 어쩌면 뻔한 답일 수도 있지만 나의 감정과 욕구를 존중하는 것이다. 관계에서 심리조종자를 만나면 모든 문제가 나에게 있다고 생각할 수 있다. 그러나 엄연히 따져보면 나의 경계가 명확하지 않았기 때문에 지나친 요구도 순순히 응하며 침범당하는 것이지 내가 잘못한 것은 아니다. 자기 주장과 표현이 약할수록 나를 지배하려는 상대의 힘은 더 세지기 마련이다. 그러니 내가 먼저 나의 경계를 견고히 하기 위해 감정과 욕구를 인식하고 추구해야 한다. 결국 나를 통제할 수 있는 것은 상대가 아닌 나이기 때문이다.

마지막으로 갈등이 만들어지는 것을 두려워하면 안 된다. 갈등이 두렵다는 것은 스스로 그것을 해결할 능력이 부족하다고 평가하기 때문이다. 자기 신뢰와 확신의 부족이다. 이 또한 상대의 문제가 아닌 나 자신의 문제가 된다. 그리고 모든 인간관계에서 만들어지는 갈등을 해결하는 최후의 열쇠는 의지에 달려 있다. 때때로 가장 좋은 방법은 도망치기보다 싸우는 쪽이 되기도 한다.

어긋난
원망

\ /

다시 시작된
악몽

"제가 아버지에게 가장 듣기 싫었던 말은 '내가 하면 잘 될 일도 다 망쳐'였어요."

2년 전부터 어머니와 사별한 아버지를 모시고 살고 있는 영기는 그간 마음이 많이 답답했었는지 나와 이야기를 하면서도 연신 한숨을 몰아쉬었다.

최근 영기의 아버지는 짜증이 부쩍 늘었다. 특히, 동네 복지관에 다녀온 날이면 그 짜증이 하늘을 찌를 듯 심해졌다. 이유를 알 수 없는 영기 부부는 아버지의 눈치를 살피는 것 말고는 달리 할 수 있는 것이 없었다. 그래도 손자에게만은 직접 화를 내지는 않으니 영기는 아홉 살 아들을 떠밀며 "시우야, 할아버지한테 가서 '할아버지 친구들이랑 재미있었어요?'라고 물어봐줄래?"라고 했다. 아이는 아빠가 시키는 대로 할아버지에게 무슨 일이 있었는지에 대해 물었고 그제야 화가 난 이유를 들을 수 있었다.

영기의 아버지는 최근 복지관 프로그램 중 브런치 교실에 나가고 계셨다. 맞벌이로 살고 있는 아들 부부에게 조금이라도 도움이 되어주고 싶어서였다. 실제로 얼마 전 주말 아침에 아버지가 요리 교실에서 배웠다며 샌드위치와 샐러드를 만들어주기도 하셨다. 아내가 놀라며 고마워하는 모습을 보니 영기의 기분도 좋았다.

그런데 함께 수업을 듣는 한 분이 "자네는 마누라도 세상 떴다면서 며느리에게 맛난 거 해달라서 밥상을 받아야지 뭐하러 요리를 배워? 자식들이 밥도 안 차려주나 보네"라고 말한 것이다. 그 자리에서는 아무 말도 하지 못하고 웃어 넘겼지만 집으로 돌아오는 내내 화를 참기 힘드셨다고 한다.

2년 전 어머니가 암으로 6개월 만에 세상을 떠나고 혼자 남게 된 아버지가 적적할 것 같았던 영기는 어느 날 퇴근길에 동네 노인복지관에 들렀다. 그리고 아버지가 참여하면 좋을 여가활동이 있는지 살펴본 후 몇몇 프로그램 안내 책자를 가져와 보여드렸다. 처음엔 별 관심을 보이지 않던 아버지가 평소 친하게 지내던 동네 친구분이 함께 가자고 하자 마음이 바뀌셨고, 한동안 별 탈 없이 즐겁게 잘 다니셨다. 그런데 요 며칠 이상하게 복지관을 다녀온 후면 기분이 너무 가라앉았던 거다.

문제는 그 뒤로 아버지의 흡연이 점점 늘어나고 있다는 것이었다. 2년 전 어머니가 돌아가셨을 때도 그랬다. 그 당시 아버지의 모든 일상생활은 멈춰버렸다. 그저 멍하니 앉아서 담배만 계속 태우셨다. 이 상태로 혼자 두었다가는 큰일을 치를지도 모르겠다는 생각에 영기는 아내와 상의도 없이 1년 전 급히 집으로 모셔와야 했다. 그런데 요즘 아버지의 모습은 그때와 너무 닮아 있었고, 아버지가 그때로 돌아가 후회만 하며 살게 될까 봐 걱정이 됐다.

살아온 인생만큼
쌓인 원망의 감정들

인생주기론에서는 한 사람의 '인생주기(Life cycle)'를 봄, 여름, 가을, 겨울 사계절에 비유한다. 물론 생애주기를 구분하는 기준은 연령이 가장 큰 중심이 되긴 하지만 '입학, 취업, 결혼, 출산, 은퇴, 배우자의 사망' 등과 같은 인생의 주요 사건 역시 생애주기의 기준으로 작용한다.

이 주요한 사건에 해당하는 것들을 하나하나 잘 들여다보면 공통점을 발견할 수가 있다. 그것은 바로 무엇인가가 시작되는 지점 또는 끝나는 지점과 관련 있다는 거다.

40대 이상의 중장년에 걸쳐 노년의 인생주기에 들어선 사람들이 살아가는 계절은 시작보다는 끝에 가까운 낮은 채도와 명도의 색깔들로 채워진 가을, 겨울과 흡사하다. 모두 알고 있듯이 이 두 계절은 밝은 초록의 나뭇잎들이 점점 어두운 갈색으로 변하는 때이다. 생명이 시작되기보다는 생명이 끝나가는 계절이다. 그리고 60년 이상의 삶을 살아낸 노인에게는 마치 겨울의 고요한 새벽녘에 소리 없이 내리는 눈처럼 그동안 경험한 여러 가지 상실이 어깨에 수북하게 쌓이는 시기이기도 하다.

'좌절, 낙심, 슬픔, 죄책감, 걱정, 수치심', 영기 아버지의 어깨에도 그간 많이도 살아낸 인생만큼이나 수북하게 쌓인 감정의 눈들이 가득했던 거다. 결국 의욕을 상실하게 하고, 누군가를 원망하기도 하며 어느 순간 자신의 존재에 대해 무가치하다는 우울한 생각들이 혼자 힘으로는 움직일 수 없는 꼭두각시가 되게 만들어버린 것이다. 그렇게 얼어붙은 마음은 마치 추운 겨울 꽁꽁 얼어버린 호수처럼 그를 옴짝달싹하지 못하게 만들었다. 그때마다 아버지가 입버릇처럼 했던 말이 '내가 하면 잘 될 일도 다 망쳐'였다.

내가 하면
잘 될 일도 다 망쳐

영기는 다시금 마음의 빗장을 걸어 잠근 아버지가 안쓰러우면서도 한편으로는 '왜 저리 나약하실까?'라는 생각이 머리에서 떠나지 않았다. 어린 시절 영기가 기억하는 아버지는 누구보다 큰사람이었다. 영기가 아홉 살 때부터 열세 살이 되던 해까지 아버지는 멀리 중동에서 일을 하셨다. 추석 명절을 맞이해서 1년 만에 집으로 돌아온 아버지는 집안 곳곳을 돌아다니며 이것저것 손을 봐줬다. 그때 망치질하는 아버지의 뒷모습이 얼마나 늠름하고 멋져 보였는지 모른다.

다시 중동으로 가기 전날 친구들과 술을 마시고 거나하게 취해서 돌아온 아버지는 영기를 앉혀 놓고 1시간가량 자신을 대신해 장남인 영기가 어머니와 여동생을 위해 무엇을 해야 하는지 쉬지 않고 당부했다. 술에 취해서조차 가족 앞에서 흐트러진 모습을 보이지 않았던 아버지다.

언제나 강할 것만 같았던 아버지가 처음 무너진 것은 IMF 때였다. 작게 하던 사업이 부도가 났고, 아버지는 매일 새벽부터 찾아와 대문 앞을 지키고 있던 빚쟁이들을 피해 어디론가 행적을 감춰 버리셨다. 그때 영기는 대학교 1학년이었고, 여동생은 고등학교 1학년이었다.

가족에게조차 행선지를 가르쳐주지 않은 탓에 어머니와 영기는 방송과 신문에서 '부도, 50대 가장 비관 자살'이라는 글자만 봐도 심장이 멎을 것처럼 무섭고 두려웠다. 2년 만에 초라한 행색으로 돌아온 아버지는 두고두고 자신이 가족에게 얼마나 몹쓸 짓을 했는지 알고 있다면서 용서를 구했다.

어머니나 영기가 다 잊었다고 괜찮다고 하는데도 아버지는 그 짐을 내려놓지 못했다. 어머니가 병원에서 암 선고를 받았을 때도 아버지가 제일 먼저 꺼낸 얘기는 자신이 그때 너무 고생을 시켜서 병이 난 거라는 후회의 자책이었다. 그렇게 가족에 대한 죄책감으로부터 하루도 자유롭지 못했던 아버지는 어머니를 꼭 회복시켜 그간의 잘못을 만회하겠다고 다짐했다. 병원에서는 더 이상 치료할 것이 없다고 말했지만 아버지는 여기저기 수소문해

가며 어머니 병에 좋다는 것들은 모조리 공수해왔다.

그럼에도 불구하고 어머니는 끝내 세상을 떠났고, 이조차도 아버지는 자신의 정성이 부족해서 그런 거라고, 자신이 받을 벌이 어머니에게 갔다며 가슴을 치며 통곡하셨다. 그때도 "내가 하면 잘 될 일도 다 망쳐"라고 말씀하셨다.

아버지의 어깨는 점점 움츠러들었고, 사람들이 모이는 곳은 피하기 시작했다. 자다가 자주 잠에서 깨는 날이 많았고, 입맛이 없다며 식사도 자주 거르셨다. 차라리 분풀이라도 좋으니 소리라도 지르기를 바랐지만 꿈쩍도 하지 않으셨다.

영기는 자신의 어린 시절 우상이었던 아버지로 다시 돌아갈 수는 없는 것인지 답답하고 화가 났다. 아버지를 서울로 모시고 오기 며칠 전, 화가 난 마음을 더 이상 참을 수 없었던 영기는 아버지를 향해 "언제까지 과거만 붙잡고 살 거예요? 그렇게 후회되면 차라리 어머니 따라가시지 왜 이렇게 살면서 아들 속을 뒤집어요!"라며 답답한 마음을 쏟아내고 말았다.

예상대로 아버지의 일상을 찾아주고 싶었던 영기의 마음은 허공에 흩어졌고, 얼어붙은 아버지의 마음을 녹이지도 못했다. 이번에도 그렇게 원망이나 하면서 끝내고 싶지 않은데, 아버지의 시계는 여전히 과거에 멈춰 있다.

상실과
화해하기

우울증에 대해 한 번쯤은 들어봤을 것이다. 그만큼 흔한 병이기에 심리학에서는 '마음의 감기'라고도 한다. 특히 노년층에게서 발견되는 정신질환 중에서는 가장 보편적인 것으로 알려졌다. 우울증은 노인들 삶의 만족도와 자아 개념의 완성을 낮추기도 하는데, 그 증상들은 〈신체적·심리적·사회적인 요인〉으로 나누어 볼 수 있다.

영기의 아버지가 겪고 있는 우울증은 심리적 요인에 의한 것이다. 긴 세월 해외에 있으면서 가족을 직접 돌보지 못했다고 느끼는 자신, 사업에 실패하며 가족을 두고 혼자 도망쳤던 자신, 아내의 병을 회복시키는 것에 성공하지 못했던 자신이기에 아무것도 해서는 안 되는 사람, 했다가는 일을 그르치며 주변 사람들에게 피해만 주는 사람으로 자신을 평가하며 '내가 하면 잘 될 일도 다 망쳐'라는 내면의 부정적 신념을 갖게 된 것이다. 결국 남편과 부모로서 자신을 실패자로 받아들이며, 스스로 자신이 하고자 하는 것을 해낼 수 없다는 무기력감에 빠져 있다.

그러니 영기 아버지에게 가족은 아킬레스건일 수밖에 없다.

특히, 사별한 아내에게 느끼는 죄책감은 그를 무기력하고 우울하게 만드는 가장 큰 원인이다. 그런데 브런치 수업 중 그 아킬레스건이 건드려진 것이다. 아내를 지키지 못한 나쁜 남편, 며느리 고생시키는 나쁜 시아버지가 된 것이다.

나 자신이 누군가에게 도움이 되지 못한 사람, 실패자라는 느낌처럼 가혹한 자기 비난은 없을 거다. 인생을 살면서 다른 사람에게 수용받지 못한 행동이나 정서적 경험은 자기 경멸과 자기 비난으로 이어진다. 특히 영기 아버지처럼 여러 가지 상실감을 겹쳐서 경험할 경우 스스로를 무가치한 사람으로 비하하며, 무기력감에 빠지게 될 경우 자기 이미지에 손상을 줄 수도 있다.

심리학에서는 자신에 대해 가지고 있는 인식과 믿음을 가리켜 '자기 개념(Self-image, 자기 이미지)'이라고 한다. 그리고 개인마다 가지고 있는 자기 개념은 우리가 하는 일부터 대인관계, 목표 설정에 이르기까지 일생에 걸쳐 검푸른 바다 한가운데에서 항로를 찾아가는 나침반 역할을 한다.

그렇다면 우리가 상식적으로 생각해볼 때 어떤 사람이 자신에 대한 높은 인식과 믿음을 가질 수 있을까?

자신이 어떤 사람인지를 제대로 파악하여 알고 있어야 하고, 자신에게 주어진 어떤 일을 잘 해낼 수 있을 거라는 믿음이 강해야 한다. 그러니 인생 안에 사계절의 사건들을 다양하게 경험하고, 그것들에 대한 성취의 경험이 많은 사람이 유리할 것이다. 그런데 노인들은 은퇴로 인한 직업 상실, 수입 감소로 인한 경제력 상실, 역할 상실, 신체적 건강 하락, 가까운 사람 및 배우자의 죽음 등으로 인한 다양한 상실을 단기간 한꺼번에 경험하는 경우가 많다 보니 긍정적 자기 개념이 약화될 수 있다. 그러니 자기 개념이 노화되는 것을 막기 위해서는 자신이 경험한 *상실과 화해*하는 것으로 자신을 수용해야 한다.

자아 개념 모델에 대해 연구한 심리학자 카트린 레퀴에(Catherine L'ecuyer)에 따르면 우리의 자아는 육체적 특징, 재산, 인간관계, 취미나 재능의 개성, 타인에게 비치는 나의 사회적 모습이 통합 되어 인식된다는 것이다. 이것에 덧붙여 노인 심리학자들은 내가 살아온 '나의 과거'에 일어났던 일들에 대해 어떻게 인식하느냐에 따라 노인의 자기 개념은 달라질 수 있다고 한다. *즉 상실 자체가 무기력감이나 우울증으로 이어진다기보다는 그 상실에 대해 어떻게 인식하느냐가 중요하다는 것이다.*

영기 아버지에게 가장 필요한 것은 자신의 상실과 화해하는 과정을 가져보는 것이다. 그동안 경험한 자신의 과거를 다시 재인식하는 시간도 필요하다. 왜곡된 인생의 핵심 신념을 바꿔보는 연습이 도움이 될 수 있다.

'나는 누구보다 가족을 위해 헌신하는 아버지였다.'

'나는 충분히 가족으로부터 사랑받았다.'

'나는 포기하지 않는 사람이다.'

'나는 스스로의 잘못을 시인할 줄 아는 사람이다.'

'나는 가족을 사랑한다.'

낮은 자존감, 부적절함 그리고 의기소침은 우울증이 가지고 있는 특징이다. 긍정적인 자기 개념을 세워보는 것은 이러한 우울증으로부터 벗어날 수 있는 힘이 된다. 우선, 스스로 긍정적인 자기 개념을 만들어가고 싶다면 세 가지 질문을 해보길 권한다.

첫째, 그 생각(왜곡된 신념)을 어떻게 바꾸면 좋을까?

둘째, 그것을 사실로 믿게 된(혹은 믿지 않는) 근거는 무엇인가?

셋째, 그것이 사실이라면 최악의 경우 어떤 일이 생길까?

질문들을 통해 부디 내 생각의 오류를 발견하고 바로 잡을 수 있기를 바란다.

사소한 오해와
쌓이는 불신들

\ /

쉴 곳이 되어줄 수는
없을까

조카 생일에 맞춰 온 가족이 언니네로 출동했다. 외동인 아이는 여섯 살 터울의 사촌언니를 유독 잘 따른다. 그런데 둘이서 조곤조곤 이야기를 하다가 작은 시비가 붙었고, 아이는 뭔가 억울하다는 표정으로 "아니거든"을 반복해서 외치고 있었다. 들어보니 두 아이의 실랑이가 우습기도 하고, 한편으로 안쓰럽기도 했다. 조카는 농담으로 "너랑 나는 피가 달라"라고 했고, 아이는 아니라며 자신도 같은 피를 나눠 가진 사이라고 사촌언니와 자신과의 관계를 피력하고 있었다.

피를 나눈 사이란 무엇을 의미하는 걸까? 우리는 흔하게 특별한 동맹, 중요한 관계를 가리킬 때 '피로 맺은 관계', '한 식구', '가족 같은 사이', '또 하나의 가족' 등의 표현을 쓴다. 이 관계는 무엇보다 신의가 중요하며, 서로를 공격하지 않고 늘 공감과 지지를 보내주는 내 편이라는 의미일 거다.

그렇다고 이들이 진짜 피를 나눈 사이는 아니다. 생물학적으로 피를 나눈 사이는 가족뿐이다. 그런데 어찌된 일인지 피를 나눈 특별한 관계의 사람이 타인보다 못한 사이로 전락해버리기도 한다. 이는 기대치가 높아 아주 작은 오해라도 풀지 못하면 치명적인 상처가 되어 돌아올 수 있는 관계이기 때문이다.

상담을 하다 보면 유독 마음이 쓰이는 내담자가 있다. 내게 서진이 그랬다. 올해로 결혼 11년 차인 서진은 일을 하며 아이 둘을 돌보는 것을 도저히 감당할 수 없게 되었다. 그래서 3년 전부터 근처에 살고 계시는 친정엄마의 도움을 받게 되었다. 엄마는 딸 내외가 출근하는 시간에 맞춰 오셨다가 퇴근해서 돌아오면 당신의 집으로 돌아가셨다. 대부분 퇴근해서 집에 도착하면 저녁상을 준비해 놓고 계신 경우가 많았다.

그날도 저녁 시간이 돼서야 서진은 퇴근했고, 유독 회사에서 하루 종일 업무에 시달린 탓에 밥먹는 것조차도 귀찮게 느껴졌다. 그저 빨리 쉬고 싶은 마음이 굴뚝같았다. 그녀는 옷을 갈아입으며 거실에 계신 엄마를 향해 "엄마, 이제 가서도 돼요"라고 했다. 그저 평소와 다를 것 없는 이 평범한 말이 엄마를 그렇게 서럽게 만들 거라는 생각은 조금도 하지 못했다. 그런데 거실에서 들리는 차갑고 날카로운 한마디, "뭐?" 서진의 심장이 갑자기 요동치기 시작했다.

"내가 딸년한테 이런 꼴이나 보려고 이 짓을 하고 있지. 뭔 부귀영화를 누리겠다고 사람 취급도 못 받으면서 이러고 있는지…. 내가 미쳤지, 미쳤어."

서진은 짜증이 올라왔다. 거실에 두 아이가 함께 있었기에 평소 같으면 '엄마 왜 그래요?'라고 물었겠지만 몸이 천근만근 너무 피곤했던 탓일까, 참지 못하고 감정이 먼저 쏟아져 나오고 말았다.

"도대체 또 뭐가 문제인데요?"

엄마는 버럭 소리를 지르는 서진을 엄마는 쏘아보며 다시 말했다.

"이거 봐, 지금도 네가 나를 무시하고 있잖아. 내가 뭘 잘못했기에 나한테 이래?"

서진은 억울했다. 아무런 이유 없이 엄마가 또 억지를 부린

176

다는 생각이 들었다. 혹시 자신이 무슨 실수를 한 것은 아닌지 잠깐 집에 도착했던 순간부터 되뇌어 보았다. 그저 옷을 갈아입으며 "엄마 이제 가서도 돼요"라고 말했을 뿐이고, 이 말은 늘 했던 말이었다. 도대체 무엇을 두고 무시했다고 생각하시는 건지 설명이 되지 않았다.

그녀는 매번 기분대로 자신을 흔들어대는 엄마가 너무 미웠다. 있는 힘을 다해 무시한 것이 아니었다고 오해라고 읍소해봤지만 엄마는 다 필요 없다는 말만 반복하며 서럽게 울기까지 했다. 서진이 할 수 있는 것이라고는 그저 발을 동동 구르는 것 말고는 없었다. 한 번씩 이런 일을 겪을 때마다 엄마를 향해 그녀가 가지고 있던 애정도, 미안한 마음도 사라질 수밖에 없다. 자신의 생각대로 억지를 부리는 엄마가 그저 여섯 살 된 아이 같다는 생각을 했다.

가족, 지지의 원천이자
갈등의 원인

모녀는 가끔 이렇게 서로를 향한 날선 감정들을 숨기지 못한 채 싸웠다. 어색한 시간을 보내다가 아이들에게 피해를 주고 싶지 않은 서진이 먼저 항복하는 것으로 사태를 일단락하곤 했다. 그러나 서진은 여전히 억울했다. 분명 자신이 큰 잘못을 한 것도 아닌데 매번 가해자라도 된 것처럼 엄마의 비위를 맞춰야 하는 현실이 불편했다.

부모와 자녀의 관계는 서로에게 지지의 원천이자 동시에 갈등의 원인이 되기도 한다. 때로는 두 사람에게 존재하는 서로에 대해 잘못된 기대와 신념의 가족 신화가 더 깊은 갈등의 골을 만들기도 한다. 자녀들은 노부모가 살아온 세월만큼 자애롭고, 여유가 있으며, 모든 문제를 현명하게 풀어낼 수 있는 지혜로운 어른이기를 바란다. 부모 역시 자녀가 부모를 따르는 착한 아이로 옆에 있어 주길 바란다. 서로에게 이상화된 모습만을 추구하며 살아가고 있는 거다. 그러니 서로에게 가지고 있는 신화를 깰 필요가 있다. 나이 든 노부모가 다시 여섯 살 아이가 될 수도 있다는 것과 성인이 된 자녀는 더 이상 부모의 간섭이 반갑지 않다는 것을 인정하는 거다.

우리 모두는 부모의 아이로 태어나고, 결혼 후엔 아이의 부모가 되고, 언젠가 다시 부모의 부모가 되어야 한다. 나 또한 언젠가는 자녀의 아이가 되어 살아갈 수밖에 없다는 사실을 받아들여야 한다. 특히, 정서적 의존도가 높아진 나이 든 부모는 무엇보다 자녀로부터 소홀히 취급받는 것이 싫다. 서진의 엄마에게는 퇴근한 딸의 피곤한 모습보다는 자신을 살갑게 아는 척해주지 않은 딸의 모습이 눈에 더 선명하게 보였던 거다. 그 섭섭함에 무시당하고 있다는 생각을 하게 된 것이다.

하지만 서진의 생각은 달랐다. 엄마의 마음이 늘 헷갈린다. 똑같은 상황에서 어제까지는 용납되었던 것이 오늘은 거부되는 일들이 빈번히 발생했기 때문이다. 살아오면서 서진이 경험한 엄마의 감정은 그야말로 롤러코스터였다. 그래서 늘 그녀는 엄마의 심기를 살피며 눈치 보는 것에 이력이 나 있었다. 물론 엄마 덕분에 걱정 없이 직장 생활을 하고 있지만, 이것을 방패삼아 엄마가 자신의 심리를 조종하는 것만 같았다.

나를 지치게 만드는 가짜 뉴스

'피곤하다, 느리다, 잘 잊는다, 성적으로 흥분되지 않는다, 아프다, 새로운 것을 잘 배우지 못한다, 잔소리가 많다, 위축되어 있다, 가치감이 낮다, 활동에 참여하지 않는다, 고립, 비생산적, 방어적이다.' 이것들이 가리키는 것은 무엇일까? 흔히 사람들이 노인에 대해 가지고 있는 이미지들이다. 물론 이 이미지가 노인에 대한 실체를 의미하지는 않는다. 마음속에 형성된 직관과 감성이 만들어낸 세계일 뿐이다. 그러나 부모와 자녀 사이에 생기는 오해와 불신은 사실 우리가 알게 모르게 가지고 있는 작은 고정관념에서 시작된다.

서진이 기억하는 엄마는 고집스럽고, 감정적인 사람이다. 자상하고 품위 있으며, 자나 깨나 자식 걱정으로 노심초사하는 어진 엄마는 그녀의 인생에 존재하지 않았다.

엄마는 이웃과 작은 실랑이가 생겼을 때 조용하고 차분하게 상대의 이야기를 듣고 지혜롭게 풀어가기보다는 화부터 내며 문제를 키우는 싸움닭 같았다. 지나가는 사람들에게까지 다 들릴 정도로 소리소리 지르며 싸우는 경우도 있었다. 또 앞뒤 따져보지 않고 막무가내로 자신의 주장만 내세워 다른 사람들을 지치게 할 때도 많았다. 모든 것을 자신에게 유리한 방향에서 해석하는 비합리적인 엄마식 대화에 충분히 지쳐 있었다. 서진은 어른스럽지 못한 엄마가 부끄럽기만 했다.

서로의 진짜 말을
들어보기

불편한 감정을 견디기 힘들다면 그것을 벗어나기 위한 노력을 하면 된다. 예상치 못한 국가적 재난이 닥치면 연일 쉬지 않고 뉴스 속보와 관계 부처의 브리핑이 이어진다. 그리고 그곳에는 어김없이 수화로 소식을 전하는 사람이 함께한다. 어느 날 이런저런 뉴스들을 뒤적거리다 수어통역사 한 분의 인터뷰 영상을 보게 되었다. 그는 수어는 손으로 하는 언어지만 실제 몸짓이나 얼굴의 표정을 통해 보다 세밀하게 메시지가 표현되기 때문에 표지라고 하는 비언어적 메시지를 무시할 수 없다고 했다.

우리가 몸이 아파서 병원에 가면 진료실에 들어가서 병의 원인이 무엇인지 여러 검사를 하고 결과에 대해 의사의 얘기를 듣는다. 그러니 진료는 검사를 시작하는 시점부터가 된다. 그런데 상담은 조금 다르다. 내담자(고객)가 상담실을 들어오는 순간부터 사실 상담이 시작된다. 그 사람의 행색과 걸음걸이 같은 모든 것을 상담사는 주시하고 반영한다. 내담자가 보여주는 표정과 미세한 몸의 움직임들은 감정을 포함하고 있고, 상담이 진행되는 과정에서 내담자가 들려주는 이야기의 빈 공간을 채워주는 중요한 단서가 되기도 한다. 그러니 말이라고 하는 언어만 가지고 누군가의 마음을 이해하는 것은 애초에 불가능하다.

흔히 공감을 위해서는 겉으로 표현된 말의 의미보다는 드러나지 않은 암묵적 메시지에 주목해야 한다고 말한다. 그러나 어떤 경우는 의도적으로 상대의 암묵적 메시지를 무시하거나, 궁금해할 필요가 없다고 생각하기도 한다. 이것은 굳이 묻지 않아도 다 알고 있다는 마음에서 기인한 것이다. '어머니는 고집스럽고 감정적인 사람이다'가 여기에 속한다. 서진은 왜 어머니가 고집을 부리는지, 왜 감정을 조절하지 못하고 폭발적으로 표출해버리는지에 대해서는 큰 관심이 없다. 그러나 그저 화가 많은 고집불통의 노인으로만 볼 것이 아니라 합리적으로 사고할 수 있도록 도와야 한다.

경험적 가족치료사 사티어(V. Satir)는 상대방을 무시하고 오직 자신의 의견이 최선이라고 생각하며, 자신의 의견을 받아들이지 않는 상대에게 화를 내는 '비난형' 의사소통 방식을 가진 사람들에겐 열등의식이 있다고 했다. 겉으로는 천상천하 유아독존의 태도를 보이지만 사실은 언제 터질지 모르는 부실한 '마음의 둑'을 가지고 있다는 거다. 강해 보이는 자신이 부실 공사로 만들어진 사람이라는 것을 들킬까 봐 노심초사하고, 어떻게든 들키면 안 되기 때문에 비뚤어진 '화, 비난, 독선, 아집'이라는 무기를 장착한 후 선제공격을 하는 거다.

그러니 서진이 먼저 공격을 멈춰야 한다.

"엄마, 저녁 같이 먹으려고 기다린 거죠? 제가 오늘 너무 피곤해서…."

"덩치도 큰 사람이 따져 물으니 깜짝 놀라고 무서웠겠어요."

이렇게 여섯 살 아이에게 맞춰 눈 맞춤을 하고, 논리에 맞지 않지만 아이의 입장에서 이야기를 끝까지 들어주었던 좋은 양육자로 돌아가는 노력을 하는 거다. 억울해 하기보다는 주체가 되어 행동했을 때 얻게 되는 관계 모습에 목표를 두라고 말해주고 싶다.

소외와
고립감

\ /

인생의 낙을
잃어버리다

"아, 어머니 그런 소리 하실 거면 오지 마세요. 애들 키우면
서 살림하다 보면 못 치울 수도 있지, 오실 때마다 이게 뭐예요."

애지중지 키운 아들에게 이런 소릴 듣고 괜찮은 부모는 없
다. 아들의 낯선 모습에 어머니는 일단 집으로 돌아가지만 자신
을 쏘아보던 눈빛과 날카로운 아들의 목소리가 계속 귓가에 맴
돈다. 결혼 전 살뜰히 챙기던 자녀의 태도가 결혼 후 돌변했다면
부모가 겪게 되는 마음의 동요는 더욱 커질 수밖에 없다. 급기야

내 자식은 잘 키웠다고 자부하기에 섭섭한 감정의 화살은 남의 자식인 며느리를 향하게 된다.

이야기 속 어머니는 일련의 일들을 겪기 전까지는 그저 불평불만이 많은 부모들이 괜히 며느리 트집을 잡는다고 생각했다. 친구들이 모여서 아들은 내 자식이 아니라는 둥, 죽 쒀서 개 줬다는 식의 이야기를 할 때마다 "우리 아들은 효자잖아, 나밖에 몰라"라며 친구들의 걱정을 한마디로 일축해버렸다. 그런데 자신의 아들도 친구들 자식과 별반 다르지 않다는 생각에 자존심이 상했다.

이 불편한 감정을 무마시켜 줄 희생양이 필요했고, 생각은 며느리가 외동이라는 것에 미치게 된다. 아들을 뺏겼다고 생각하면 아무런 의욕도 생기지 않는다. 아들 내외를 향한 괘씸한 생각은 꼬리에 꼬리를 물고 떠오르고, 그 속에서 매일 다른 사람을 미워하고 응징하는 자신을 만나게 되니 지옥에 사는 기분이 드는 것이다.

사람들이 스트레스 상황에 놓이게 되면 '어떻게 해소할까'라는 대처 방법을 먼저 떠올리는 것이 일반적이다. 문제의 상황을 제거하거나 수정하기 위한 직접적인 행동이나 부정적인 사고를 감소하기 위한 정서적 과정을 경험하는 거다. 그러나 예상치 못한 큰 충격적인 사건을 경험하면 소위 '멘붕(멘탈 붕괴)'의 상태에 빠져 어떠한 대처도 하지 못하게 된다. '아들을 뺏겼어'라는 생각의 늪에선 도저히 탈출구가 보이지 않기 때문이다.

부정적 감정의 터널에
빠지다

심리학에서는 특정한 것에 꽂혀 다른 것을 바라보지 못하고, 주변의 많은 것을 놓쳐버리는 현상을 가리켜 '터널 비전(Tunnel vision)'이라고 한다. 앞의 사례에서처럼 아들에게서 느낀 서운함과 화, 우울, 배신감은 부모를 무기력하게 만들고 모든 것에 의욕이 사라져 버린다. 이처럼 어떤 사건을 통해 경험한 공포나 두려움, 분노 같은 부정적인 감정은 나의 사고는 물론 행동 가능 범위까지 축소시킨다. 더러는 터널 비전 현상이 발생하여 한가지에 집중하게 되면, 그 상황에서 벗어나기 위해 떠올려야 하는 '다른' 생각이나 행동들을 의도적·인지적 관점에서 무시하고 회피하는 경우도 생긴다.

처음엔 아들에게 서운한 감정에 며느리를 탓하고, 사돈댁에 아들이 없어서라는 이유들을 찾아내 '아들을 뺏겼어'라는 생각을 사실로 만들기 위해 부정적 증거를 모으는 것이 바로 이에 속한다. 특히, 불안이나 스트레스 상황 같은 부정적 정서를 경험할 경우 터널 비전 현상은 더 가중되어 문제로부터 벗어날 수 있는 다른 예외적인 것들은 도저히 떠올릴 수 없게 만든다. 결국 상황을 악화시키는 부정적인 생각에 먹이를 주는 꼴이 된다.

물론 전혀 기대하지도 예상하지도 못했던 일로 화가 나거나 슬퍼지면 누구나 자신에게 초점을 맞추게 된다. 세상에서 자신이 제일 불쌍한 사람처럼 느껴지고, 자신이 경험하고 있는 감정에서 헤어나지 못하는 것도 정상적 반응이라 할 수 있다. 그러니 억지로 없애기보다는 관점을 바꾸는 연습이 도움될 수 있다.

신기하게도 생물학과 유전적인 관점에서는 터널 비전을 두고 긍정적인 해석을 하는 경우도 있다. 사고와 행동의 폭을 좁히는 것이 간혹 우리의 생존에 기여하는 부분도 있다는 것이다. 예를 들어 갑자기 맹수가 나타나는 위협적인 상황을 두려움이나 분노 같은 부정적인 감정을 일으키는 상황이라고 가정했을 때, 나의 모든 신경은 어떻게 대처할 것인가에만 집중해야 한다. 이 순간 먹고 싶은 음식이나 여행지 같은 것들이 떠올라서는 안 된다. 살 수 있는 방법에 초점을 맞추면 보다 즉각적이고 효율적으로 행동할 수 있다는 원리다.

그렇다면 어머니의 마음이 풀릴 수 있도록 초점화해야 하는 것은 무엇일까? 아들이 며느리를 위한다는 것이 과연 무엇을 의미하는지 생각해볼 수 있다면 도움이 된다. 아들 내외의 부부관계가 친밀하고, 서로의 역할도 잘하고 있으며 부모로부터 독립된 가정을 꾸리고 있다는 것이 근거가 될 수 있다. 그런데 이마저도 어렵다면 아들과의 관계에서 고착된 어머니의 정서를 되짚어봐야 한다.

설 자리가 없는 것이 아니다, 나의 위치가 바뀐 것이다

'어머니가 너무 아들 바라기네요'로만 생각하지 않았으면 한다. '어머니의 성향이 특이하다'로 결론 짓기보다는 노년에 겪게 되는 상실의 정서를 이해해보도록 하자.

상실감(喪失感)의 사전적 의미는 '무엇인가를 잃어버린 후의 느낌이나 감정 상태'이다. 특히, 상실의 경험으로부터 느끼게 되는 부정적 정서가 여기에 해당한다. 스스로 가치 있다고 판단되는 대상(일, 관계, 성공, 취미 등)을 더 이상 추구할 수 없게 될 경우 인간은 심각한 상실감을 느끼게 된다.

즉 인간은 태어나서 죽을 때까지 애착과 분리의 연속선상에 존재하기 때문에 무수히 많은 종류의 상실을 경험하게 된다. 특히 노인들이 경험하게 되는 상실에는 건강, 역할, 경제적 능력, 관계, 사별이 대표된다. 사례 속 어머니가 겪는 것은 관계적 상실이다.

관계적 상실은 가족을 비롯한 주변 사람들과의 관계에 있어서 육체적·정서적으로 대화와 상호작용을 통해 이런저런 경험을 공유하면서 지속적인 만남을 유지해왔던 관계가 단절되는 것을 말한다. 그리고 이것은 노인들만 경험하는 것은 아니다.

아이가 유치원 때 가장 친했던 친구가 이사를 했다. 아이는 친구를 이제 만날 수 없다며 한참을 슬퍼했다. 이사나 진학 등의 이유로 어린 시절에 경험한 관계적 상실은 어쩌면 우리에게 가장 익숙한 경험일 수도 있다. 이렇게 보편적인 경험이 노년기에는 왜 큰 실의에 빠질 정도로 고통스러운 것일까? 바로 노년기에는 타인에 대한 의존성이 이전 시기에 비해 커지기 때문이다. 그러니 사회활동의 폭이 좁은 노인에게는 관계의 상실이 더욱더 크게 다가올 수밖에 없다.

피를 나눈 가족일 뿐,
자율과 독립을 지키자

관계의 상실감은 쉽게 나와 마주 보고 서 있는 사람, '마주 섬'의 대상이 사라지는 것이다. 나의 마주 섬의 대상이 사라질 뿐 아니라 상대의 마주 섬의 대상에서도 내가 사라지는 것이다. 이 것은 나와 상대의 삶의 자리와 위치가 바뀌었다는 것과 동시에 어쩌면 나의 역할에 변화가 불가피함을 의미하기도 한다.

부모는 자신의 마주 섬의 대상을 자녀에서 배우자로 옮겨와야 한다. 자녀를 위해 사용했던 시간과 열정을 자신과 배우자, 즉 나의 가정으로 옮겨와야 한다. 물론 성인이 된 자녀들 또한 마찬가지다. 스스로 이러한 순리를 받아들이고 자연스럽게 선택했다면 통증이 그리 심하지 않을 수도 있다. 그런데 자연스런 시기를 놓친 후 애지중지 키웠던 자녀가 먼저 마주 섬의 대상을 변화시키기 시작했고, 뒤늦게 통보받게 된 부모는 상실감을 더욱 크게 느낄 수밖에 없다.

이때 주의할 점은 자연스럽게 대상이 옮겨가야 한다는 것이다. 앞에서 다뤘던 '심리적 탯줄 끊기'와 같다. 준비되지 않은 한쪽의 정서를 일방적으로 무시하고 소외시키는 방법은 좋지 않다. 부모가 느끼게 된 관계의 상실감을 고려한다면 홀대하는 태도로 소외감을 키우지 않을 수 있다. 특히, 배우자 앞에서 정색하며 나의 부모를 탓하는 발언을 하게 될 경우 부모는 수치심을 느끼게 된다. 어머니에게 '이제는 필요 없으니 관심을 끊어 달라'가 아니라, 결혼 후 이런 변화들이 생겼는데 어머니는 요즘 어떤지 물어봐야 하는 것이다.

"둘 다 바쁘다 보니 많이 어수선하죠? 쉴 때 같이 정리할 거니 너무 걱정 안 하셔도 돼요."

"어머니, 아내가 음식을 곧잘 해요. 한번 드셔 보세요?"

"어머니에게 미리 말씀 못 드려서 죄송해요. 감사하게도 아이가 태어나면 장모님이 기꺼이 봐주신다고 하니 그래 보려고요. 대신 자주 찾아뵐게요."

노인이 겪는 상실감은 사실 어떤 하나에 원인을 두고 있다기보다는 다른 상실의 원인들이 밀접하게 연결되어 각각에 영향을 미친다. 마주 섬의 대상을 억지로 바꾸려면 당연히 힘이 들고, 터널 시야에 갇히게 된다.

어쩌면 가족은 한 울타리 안에서 살아가는 존재이기에 서로를 구분 짓는 경계선이 존재해서는 안 된다고 생각하는 사람들이 많다. 하지만 건강한 가족은 구성원 부부, 자녀, 형제자매 간에 접촉과 개입을 허용하면서도 구분 짓는, 분명하면서도 유연한 경계선이 반드시 필요하다. 구성원 개인은 가족이면서 동시에 '나'라는 개인이기도 하다. 개인의 자율과 독립은 보장하되 함께 협력해야 할 때 돕는 것이 '피를 나눈 가족'인 것이다. 상대방의 의사와 상관없이 아무 때나 부모나 자녀라는 이유로 과도하게 개입하고 간섭하는 것은 오히려 가족의 건강한 기능을 파괴할 뿐이다.

PART 4

우리는 서로에게
타인이다

피를 나눴지만 차가운 타인으로 존재하는
부모 자녀가 아니라, 서로를 존중하며
응원하는 따뜻한 타인이 되기 위해
노년의 부모와 성인의 자녀에게
반드시 필요한 핵심 3가지를 제안합니다.

인생 회고록
만들기

\ /

삶을 정리하는
시간

오늘날 우리가 사용하는 로봇이라는 단어를 최초로 사용한 체코 작가 카렐 차페크(Karel Čapek)가 쓴 철학 소설 3부작 중 《평범한 인생》은 평생을 철도 공무원으로 살았던 어느 평범한 60대 남성의 이야기다. 평소 정리정돈의 습관을 가지고 있던 주인공은 심장병으로 죽음을 며칠 앞둔 어느 날 마지막 정리 대상으로 자신의 인생을 선택하고 '인생 회고록'을 쓰기 시작한다. 주인공은 어린 시절부터 현재에 이르기까지 자신이 어떤 모습으로 누구와 관계하며 살았고, 인생의 중요한 전환 시기마다 자신이 추구했던 가치들은 무엇이었는지를 여러 명의 자아(Ego)가 가진 특징들에 빗대어 이야기한다.

그는 과거와 현재를 사는 동안 자신의 인생을 지배했던 자아로 '평범한 인간, 억척이, 우울증 환자, 낭만주의자, 경건한 거지, 시인, 영웅' 7명을 발견했다. 그리고 이 자아들끼리 토론하는 장면을 통해 자신이 살아온 과거와 현재에 걸쳐 추구했던 삶의 의미와 가치들을 정리하고 해석한다. 심리학적으로 본다면 '자아 통합'의 과정이라고 할 수 있다.

이것은 어쩌면 죽음과 노년이라는 조건이 주어졌기에 가능했을 거라 생각한다. 물론, 노년기를 맞이한 모든 사람이 인생 회고록을 쓸 필요는 없다.

노년기는 생애 주기상 죽음에 직면하는 시기로, 누구라도 자신이 살아온 인생을 재평가하고 해석할 수 있다면 좋을 거다. 과거 지난 삶에 대한 긍정적 해석은 현재 삶의 만족감을 높이고 불확실한 미래에 대한 희망도 향상된다. 이런 의미에서 에릭슨은 심리사회적 발달 단계에서 노년의 삶에 대한 전반적 만족과 주관적 안녕감을 만드는 핵심으로 자아 통합감을 꼽았다. 이것은 자신의 과거와 현재 그리고 미래를 모두 수용하고, 다른 사람들에 대한 깊은 배려를 통해 세상을 살아가는 지혜를 얻는 것을 의미한다. 한마디로 자아 통합에 이른다는 것은 진정한 삶의 의미와 가치를 발견하는 것이다.

자아 통합감을 이루는 요소로는 '**현재 생활의 만족, 지나온 일생에 대한 수용, 긍정적인 자아상, 삶의 존엄성과 가치에 대한 확신, 지혜로운 삶, 죽음에 대한 수용**' 등과 같은 삶의 만족도나 긍정적 정서 경험이 된다. 무엇을 통해 이러한 경험을 하게 될까? 물론 개인이 이룬 업적과 성취의 결과들이 있다면 자신의 삶을 해석함에 있어 보다 객관성을 유지하는 요소로 작용할 수는 있다. 그러나 많은 경우 사람들은 내가 잘 살아왔는지, 잘 살고 있는지, 잘 살아갈 수 있는지에 대해 생각할 때 주변 사람들이 나를 어떻게 평가하는지, 나에게 어떻게 반응하는지를 통해 가늠하게 된다. 그리고 이것은 주변의 어떤 타인들보다도 가족, 그중 자녀와의 유대관계에 가장 큰 영향을 받게 된다.

부모, 자녀의
거울이 되어줄 사람

그렇다면 자아 통합을 위해 지난 삶이 가치 있었는지는 무엇으로 확인해야 할까? 우리가 살면서 한 번은 받게 되는 질문,

'당신이 가장 존경하는 인물은 누구입니까?'에 답이 있을지 모르겠다. 내가 만났던 부모 중에는 자녀가 자신을 롤 모델 또는 존경하는 인물로 생각해 준다면 '인생 후회 없이 잘 살았다'로 평가할 수 있다고 답하는 이들도 있었다. 어린 시절 부모는 큰 등대 같은 사람이다. 하지만 성인이 되며 부딪히는 부모는 늘 정답을 가진 완벽한 사람이 아니라는 것을 알게 된다. 잘 다듬어진 보석의 원래 거칠었던 원석의 표면을 보게 되는 것이다. 그러니 여전히 자신을 보석으로 여겨주는 자녀가 있다는 것은 만족스러운 삶의 평가도 가능하게 할 거다. 더불어 공감은 부모와 자녀 모두에게 자아통합을 이끄는 중요한 발달 과업이다.

자기심리학의 하인즈 코후트는 신체의 삶을 유지하기 위해 공기와 먹을 양식이 필요하듯 심리적 삶을 위해서 공감이 반드시 필요하다고 말하며, 생애 발달에 있어서 공감을 무엇보다 중요하게 다룬다. 그가 말한 공감은 3가지 특징을 가지고 있다.

첫째, 공감은 다른 사람을 이해할 수 있도록 돕는다.

둘째, 공감은 인간 경험의 내면세계에 대한 정보를 수집할 수 있는 도구다.

셋째, 공감은 치료 행위는 아니지만 치료의 효과를 가지고 있다.

이러한 공감의 반응을 해주는 사람이 전 생애에 걸쳐 있어주다면 건강한 자기의 발달로 이어지고 심리적 안녕감을 가질 수 있다. 특별히 지지적 관계망이 나이 변화에 따라 사회와 직장에서 가족으로 축소된 노년의 부모에게는 공감의 대상이 발달 단계상 자녀가 될 수밖에 없다. 그리고 이때 노부모가 자녀와 주고받는 부정적, 긍정적 정서 교류가 감소된다면 이로 인해 '자기(Self)감'을 느끼는 기회마저도 축소되게 된다.

자녀가 해야 할
마지막 역할

의미 치료를 만든 빅터 프랭클(Viktor Frankl)은 어느 날 캘리포니아 주립 형무소에서 사형 집행이 4일밖에 남지 않은 사형수를 만난 적이 있다. 그때 사형수에게 프랭클은 의미가 있는 삶과 의미 없는 삶에 대해 말하며 죽음을 앞둔 마지막 순간에 자신을 초월하거나 이탈함으로써 그동안 살았던 무의미했던 삶에 의미를 부여할 수 있다고 말했다. 내가 어떤 의미를 부여하느냐에 따라 인생 회고록은 희극이 되기도 비극이 되기도 하는데, 특히 노부모 인생의 중심엔 자녀가 있다.

엄마는 자신의 삶이 너무 평범해서 보잘것없다고 생각한다. 아마 TV나 언론을 통해 알려진 유명인이나 사회적으로 성공한 직업으로 평가받는 명함을 가져본 적이 없는 평범한 사람들은 엄마와 비슷한 생각을 하고 있을 것이다. 엄마는 남들이 알아주는 거창한 명함을 갖진 못했지만, 고된 삶을 살아내느라 거칠고 투박해진 손을 가졌다. 그리고 세상 사람 모두가 몰라줘도 나는 엄마의 손이 무엇을 의미하는지 알고 있다. 그것은 그 어떤 명함보다 따뜻한 온기를 지니고 있고, 싫든 좋든 그 투박한 손끝에서 나는 자랐다. 내가 생각할 때 엄마는 누구보다 생활력이 강하고 인내가 삶이 되어 있으며, 인생의 온갖 상실을 경험하며 단단해진 사람이다. 그러니 결코 평범한 인생은 아니다. 나의 부모가 자신의 인생을 혹시 후회하고 있다면 기꺼이 말해줘야 하지 않을까?

"저에게는 한없이 좋았어요. 처음 사는 인생이었잖아요. 좋은 부모였어요."

나이 든 부모는 앞으로 남은 삶의 시간이 줄면서 인생의 목표가 지식 축적이나 업적 달성과 같은 미래 준비보다는 현재의 삶에서 느끼는 정서적 만족과 정서적 의미를 경험하는 것으로 바뀌게 된다. 물론 그 정서적 경험은 자녀, 가족과의 관계에서 이루어진다.

의미 있는 삶
발견하기

의미 있는 인생 회고를 위해 스스로에게 질문해보기를 추천한다. 나의 모습을 점검할 때 우리는 거울을 본다. 내가 잘 살았는지 확인할 수 있는 인생의 거울은 재력, 권력, 명예, 학력 등 여러 가지가 있다. 그런데 노년의 거울은 사람이다. 즉 자녀와의 긴밀하고 친밀한 관계 만족도가 자아 통합의 명암을 결정짓게 된다.

특히 부모와 자녀는 다양한 방식으로 서로에게 도움을 주고받으며 산다. 이렇게 서로를 지지하고 살아가며 지지 관계망을 형성하고 유지한다. 서로의 지지 관계망이 되어주는 부모와 자녀라면 다음의 것들 중 한 가지 이상에서 서로를 충족시켜주고 있을 것이다. 작성하다 보면 관계망 안에서 내가 중요하게 생각하는 것이 무엇인지, 또 나의 부모나 자녀에게 필요한 것이 무엇인지를 알 수 있게 된다. 노년의 마지막을 채워줄 의미 있는 것을 발견할 수 있기를 바란다.

1. 가치 인정

나 자신이 인정받는다고 느낌, 관심과 신뢰를 받으며 인정을 받는다고 느낌

중요하다(   ) 덜 중요하다(   ) 거의 중요하지 않다(   )

2. 애정과 사랑

따스한 관심을 받는다고 느낌, 상대방과 마음의 거리가 가깝다고 느낌

중요하다(   ) 덜 중요하다(   ) 거의 중요하지 않다(   )

3. 격려와 위로

내가 하는 일에 격려받는다고 느낌, 일이 생각처럼 잘 안 될 때 위로받는다고 느낌

중요하다(   ) 덜 중요하다(   ) 거의 중요하지 않다(   )

4. 함께하는 시간

원한다면 혼자 있지 않아도 된다고 느낌, 특정 상황에서 함께 공유하고 싶다는 것을 느낌

중요하다(   ) 덜 중요하다(   ) 거의 중요하지 않다(   )

5. 선물(물질적 지원)

유용한 정보를 제공받음, 돈이나 물건을 빌리거나 빌려줌

중요하다(　) 덜 중요하다(　) 거의 중요하지 않다(　)

6. 봉사

필요할 때 도움받음, 교환 필요 없이 지원받는다는 느낌

중요하다(　) 덜 중요하다(　) 거의 중요하지 않다(　)

이 6가지에 대해 중요하다고 여기는지, 그리고 이것들이 내 삶에서 어느 정도 실현되고 있는지 체크해보길 바란다. 중요도가 높고, 삶에서 자연스럽게 누리고 있다면 꽤 가치 있는 노년을 보내고 있다는 증거다.

여전히
관계가 어려운 우리

\/

벗어나고 싶은 마음
이해하기

아버지를 증오하고 타인과 관계 형성에 어려움을 느끼는 40대 중반의 여성 미진을 만났다. 역기능적 가족 체계에 있었던 그녀는 가족 안에서 지지나 인정을 경험한 적이 없었기 때문에 자존감이 매우 낮았다. 그러다 보니 늘 타인과 관계에서 자신의 의견을 말하기를 주저하며 피상적 관계만을 유지하고 있었다. 이렇게 된 모든 이유가 아버지 때문이라고 탓했다. 그런데 딸의 이런 불편한 심기를 모르는지 아버지는 여전히 그녀가 복종하며,

자신이 원하는 대로 움직여주길 바랐다. 미진은 늦었지만 그런 아버지와 가족에게서 벗어나고 싶어 했다.

　그녀는 자신을 사랑하지 않는 아버지에 대한 미움과 옆에서 아무런 힘이 되어주지 못하고 방관자로 있었던 어머니와 다른 가족에 대한 원망을 깊게 간직하고 있었다. 상담 과정에서 그녀가 직접 아버지가 되어 생각하고, 말해보는 체험을 했다. 부모 혹은 자녀와 갈등을 극복하고 잘 지내고 싶다면 상대방이 되어 그의 자리에 앉아보기를 권한다.

　미진의 가족처럼 성인이 되어 독립된 가정을 꾸리고 살고 있음에도 간섭이 심하고 가족 간에 경계가 모호하며, 갈등이 빈번하게 이어진다면 역기능 가족으로 분류해볼 수 있다. 역기능적 가족이 가지고 있는 특징은 해야 할 것과 해서는 안 되는 것을 규정하는 '가족 규칙(Family rule)'에 융통성이 없어 위협적이고 경직되어 있다. 미진의 아버지는 늘 '오빠와 동생한테 양보해라. 다른 사람보다 잘나 보이지 마라. 튀는 행동 하지 마라. 여자가~' 라는 규칙을 강조했다. 이런 경우 구성원 간 상호작용이 폐쇄적이어서 교류가 없고 지나치게 무관심하거나, 반대로 구성원 간 집착의 정도가 심해 독립성이 전혀 보장되지 않을 수 있다.

　반면 건강하게 기능하는 가족은 구성원 개개인의 특성과 차이를 수용해주기 때문에 각자의 생각과 감정을 솔직하고 자유롭게 말하는 것을 허용한다. 당연히 개성이 존중되므로 자존감 형성에 긍정적으로 작용한다. 하지만 역기능 가족은 이것들이 수용되지 않기 때문에 가족 규칙을 따를 것인지, 저항할 것인지에 대해 갈등한다. 그리고 부모로부터 압박과 질책을 받게 되면서 자존감 형성에도 부정적으로 작용한다. 가족치료자 사티어는 가족 구성원 간 의사소통 방식을 개인의 자아 존중감 형성은 물론 기능적 또는 역기능적 가족을 만드는 핵심 요소로 뽑았다.

날카롭게 마음에 박힌
말들 빼내기

쉽게 의사소통은 언어적 의사소통과 비언어적 의사소통으로 구분한다. 역기능적 가족의 의사소통은 말에 해당하는 언어적 메시지와 얼굴 표정, 몸짓, 근육의 상태, 호흡, 속도, 목소리의 높낮이 같은 비언어적 메시지가 서로 불일치한다. 속마음과 겉으로의 표현이 다른 이중 메시지를 전달하는 것이 특징이다. 솔직한 소통이 이루어지지 못하다 보니 신뢰와 애착이 만들어지지 못한다.

특히 가족 내 스트레스가 증가하면 구성원들은 자신이 맡은 역할에 방어적 자세를 취하기 때문에 무작정 참는 사람부터 회피하거나 남을 탓하는 사람까지 다양하게 나올 수 있다. 사티어는 가족의 유대감과 친밀감을 파괴하는 의사소통으로 '회유, 비난, 초이성, 산만'이라는 4가지 유형을 설명한다. 미진의 아버지에게는 비난형, 그녀와 어머니에게서는 회유형의 의사소통 방식이 확인되었다.

회유형은 자신을 무가치하다고 여긴다. 타인에게 비굴하다고 느껴질 만큼 자신의 욕구는 포기한 채 상대방의 의견에 동조하고 양보하고 희생한다. 갈등의 상황이나 상대방이 불편해하는 것을 견디지 못하기 때문에 상대가 원하는 대로 움직이며, 상대의 기분을 맞추려고 애쓴다. 매우 순종적이고 자아 개념이 약하기 때문에 의존적이며 상처도 쉽게 받는다. 혹시 일이 잘못되면 자신에게 책임이 있다고 생각하며, 비난받아도 된다고 말한다. 과한 자기 희생이다. 그렇다 보니 스스로를 돌보거나 필요할 때 타인에게 도움을 요청하는 것이 매우 어렵다.

비난형은 회유형과는 정반대다. 상대방을 무시하고 오직 자신의 의견이 최선이라고 생각한다. 이것을 상대방이 수용하지 않으면 화를 낸다. 늘 자신은 피해자이고 희생자라고 생각하며 열등의식에 빠져 있는 경우가 많다. 자신을 보호하기 위해서 타인의 가치를 격하시키고 비난한다. 독선적이며 명령적이고 융통성이 없다. 겉으로는 굉장히 공격적으로 보이지만 속으론 자신이 소외되어 있고, 외로운 실패자라고 느낀다.

초이성형은 어떤 감정도 나타내지 않으며 지나치게 합리적인 상황에만 집중한다. 자신의 일에 지나치게 섬세하며 철두철미하기 때문에 타인을 신뢰하지 못한다. 자신이 옳다는 것을 증명하고 갈등을 해결하는 데도 자료나 연구 결과를 인용한다. 실제는 내면이 약해서 상처받기 쉬운 유형이다 보니 감정을 배제한 채 이성과 논리에 의존하는 대화를 구사한다. 스스로 감정에 취약한 것을 알기 때문에 감정적 상호작용을 최소화하기 위해 상황으로 초점을 바꾸는 것이다.

산만형(부적절)은 다른 사람의 말이나 행동을 고려하지 않고 대화에 집중하지 못하고 부적절하게 반응하기 때문에 산만형이라고 한다. 초이성형과는 반대로 즐겁고 익살맞은 반응에 관심을 보인다. 실제 타인의 인정을 원하고 소외에 대한 두려움이 크기 때문에 안절부절못하고 부산하게 움직인다. 자신이 원하는 욕구에도 집중하지 못하고 상대방이 원하는 욕구 또한 제대로 읽지 못한다.

역기능적 가족 구성원 간의 대화는 이 4가지 유형에서 크게 벗어나지 않는다. 그리고 상호작용하는 과정에서 역할들의 특징이 강화되면서 악순환의 고리는 계속 이어질 수밖에 없다. 각각의 역할들은 4가지 공통된 특징을 가지고 있다.

첫째, 낮은 자존감이다.

둘째, 이중 메시지를 주고받기 때문에 소통이 진실하지 못하다. 겉으로 표출된 말과 행동에만 집중하며 서로의 드러나지 않은 감정을 읽는 것이 매우 서툴다.

셋째, 융통성이 떨어지는 가족 규칙을 따르고 있다.

넷째, 타인과 상황에 책임을 전가하는 속성을 보인다.

서로를 탓하는 마음 멈추기

아버지가 두려워 아무 말도 하지 못하고 살았던 미진이 가장 하고 싶었던 말은 "아버지, 저도 인형 사주세요"였다. 아들이 아니어서 오빠에게 양보했고, 언니라서 여동생에게 양보했다. 늘 비교를 당했고, 가족 안에서 온전히 그녀만을 위한 어떤 보상도 없었다. 이빨 빠진 호랑이가 된 아버지를 향해 이제는 미진이 비난형이 되어 그동안 속상했던 말들을 쏟아낼 수도 있었다. 하지만 그것은 또 다른 회유형을 만들 뿐, 아무것도 해결되지 않는다는 걸 알고 있다. 아버지는 늘 미진에게 "다른 사람에게 피해 주는 행동을 하면 안 된다"라고 강조했다. 미진은 타인과의 관계에서 늘 수동적이고, 자기 주장을 하지 못했던 자신을 만든 건 아버지의 이 말 때문이었다며 아버지를 원망했다. 그렇다면 그녀의 낮은 자존감은 오로지 아버지 혼자서 만들어낸 것일까?

자아 존중감은 인간이 가지고 있는 기본적 욕구이자 삶의 에너지 근원이다. 부모가 자녀를 양육하는 과정에서 비교와 복종이 강요되었다면 낮은 자존감이 형성될 수밖에 없다. 미진의 경우가 여기에 해당한다. 그렇다고 부모가 자존감의 모든 부분을 책임지는 것도 아니다. 사티어는 자아 존중감을 형성하는 요소로 '*자기, 타인, 상황*'을 제시한다.

첫째, 자기 스스로에 대해 갖는 애착, 사랑, 신뢰, 존중을 통해 얻는 자신에 대한 가치와 유일성이다.

둘째, 자신과 관계되어 있는 타인에게 느끼는 동질성과 이

질성을 발견한 후 비교하지 않고 상호 작용하는 것이다.

셋째, 주어진 상황과 맥락을 파악한 후 반응하는 것이다.

미진은 자기 스스로 자신의 가치를 인정하지 않았다. 타인과 늘 비교하고, 순종하는 것에 익숙했다. 주어진 상황이 바뀌었을 때조차도 무조건 회피했다. 그리고 그 원인을 아버지가 자신을 수용하고 인정해주지 않았기 때문이라고 생각했다. 언제까지 원망하며 탓만 할 수는 없다. 지금이라도 솔직하게 감정을 받아들이고, 자기 표현을 할 수 있으려면 단계적인 훈련이 필요하다.

자신을 표현하는 대화법
배우기

자기 표현을 하지 못하는 이유는 두렵기 때문이다. 또 자신이 무엇을 원하는지 알아차릴 수 없기 때문에 표현할 수 없다. 또한 표현하는 방법을 모르기 때문이다.

이 경우 '지금-여기'에서 경험하는 욕구와 감정, 신체 감각, 언어와 행위, 환경을 알아차리는 것부터 훈련해야 한다. 관계에서 원하는 것이 무엇인지 그동안 억압된 감정과 욕구를 먼저 알아차려야 한다. 특정 대상을 떠올렸을 때 어떤 느낌이 드는지, 마음에 어떤 감정과 욕구가 올라오는지 순간 느껴지는 감정을 회피하지 말고 그대로 집중해서 느낄 수 있어야 한다. 그리고 "나는 ~을 하고 싶다"라는 문장을 생각나는 대로 완성시켜 보는 것이다.

미진과의 상담에서 아버지 이야기를 하며 보여준 비언어적인 메시지를 그녀가 알아차릴 수 있도록 언어화시켜 주었다. 말을 하며 손에 힘을 주고, 호흡이 빨라지며 목소리가 갑자기 커지고 높아지던 상황들, 갑자기 커지는 손의 동작들을 전했고, 이런 몸짓들이 무엇을 의미하는지 다시 질문했다. 그런 후 미진이 습관적으로 사용하는 말들을 알아차리고 수정해봤다.

미진은 이야기하는 중간중간 "어차피 ~할 수밖에 없어요. ~해도 안 돼요. 저라도 싫어해요"라는 말들을 자주 사용했다. 그녀가 사용하는 언어에는 주로 책임을 회피하고, 포기하는 체념의 단어들이 많았다.

언어는 타인과의 관계에서 자신의 감정과 욕구를 표현하고 충족하기 위한 중요한 도구이다. 그러나 자신이 사용하는 언어에도 책임이 뒤따라야 한다. 회피의 언어를 습관적으로 사용하며 타인이 나의 마음을 이해해주지 않아서 슬프고 힘들다고 말하는 것은 책임을 회피하는 행위와 같다.

나는 미진의 언어를 수정해서 표현해보도록 권했다. '가능하다면 ~하기로 선택했어요.' 그리고 자신 없어 하며 부정적인 표현을 누군가가 자꾸 한다면 어떻게 들리는지 상대방이 되어 직접 들어보도록 역할극을 해보았다.

오랜 시간 아버지에게 묻고 싶었던 말, 하고 싶었던 미진의 말을 입 밖으로 꺼내는 연습을 한 거다. 유치하게 그딴 걸 얘기하냐며 화를 내거나, 맏딸이고 언니나 돼서 그 정도 양보한 것을 무슨 희생이나 되는 양 말하냐며 자신에게 화를 낼까 무서워 지금까지 하지 못한 말이었다.

"아버지, 저는 왜 인형 안 사주셨어요? 저 정말 서운했어요. 늘 아버지에게 필요 없는 딸이라는 생각을 했어요."

빈 의자에 번갈아 앉아가며 자신과 아버지가 되기를 몇 차례 반복한 그녀는 어린아이처럼 흐느끼며 "아버지, 진작 말씀해주시죠. 제일 믿었기 때문에 그랬다. 그 말 좀 미리 해주시지…"라는 말을 토해냈다. 따뜻하게 표현하는 방법을 모르는 비난형 아버지의 속마음은 아마도 큰딸에 대한 '믿음'이었을 거라고 말했다. 그리고 자신이 아버지를 향해 묵혀둔 감정은 원망이 아닌 사랑이었다는 것을 발견하며 많이도 울었다.

자기 주장 또는 자기 표현을 자칫 상대방의 입장은 고려하지 않고 내 생각과 입장만을 고집하는 것으로 해석해 공격적이며 무례한 것이라고 오해하는 사람들도 있다. 하지만 자기 주장은 자기를 내세우되 상대방의 인격과 권리를 동시에 존중해주는 행동으로 일종의 '공감적 주장(Empathic Assertion)'인 것이다. 그러니 상처 주지 않는 방식을 택해야 한다.

　　부모 자녀관계뿐 아니라 대인관계에서 솔직한 내 감정과 욕구를 자꾸 억제하다 보면 역기능적 가족에서 보이는 4가지 의사소통 유형이 가지고 있는 부적절한 정서와 반응 패턴이 생길 수밖에 없다. 서로에게 비판자나 교정자가 되기보다는 선입견이나 비교 없이 부모와 자녀, 개인의 개성을 존중하고 수용해보길 바란다.

따뜻한
타인되기

\/

자녀는 몸 밖에 있는
심장이다

오래된 영화 〈오즈의 마법사〉는 다양한 장르로 리메이크되다 보니 초등학생인 딸아이도 잘 아는 작품이다. 영화 속 주인공 도로시는 노래 '오버 더 레인보우(Over The Rainbow)'와 함께 우리를 신비하면서 낭만적인 미지의 세계 오즈로 안내한다. 영화의 흥행만큼 도로시는 모두에게 사랑받는 주인공이 되었다. 그러나 영화 속 도로시와는 다르게 그 역할을 해낸 배우 주디 갈랜드의 삶은 정반대였다.

그녀는 세 살 때부터 연예계 생활을 시작했는데, 그녀의 어머니는 배우가 되지 못한 자신의 꿈을 주디에게 투영했다. 많은 스케줄을 소화하고 다이어트를 위해 어린 딸에게 마약 성분의 암페타민과 수면제를 번갈아가며 먹였다. 심지어 미성년자인 딸에게 성 접대까지 종용하는 짐승만도 못한 어머니였다.

그녀가 열세 살 때 그녀를 아껴주었던 아버지가 돌아가신 후 가족으로부터 사랑받지 못했고, 다른 또래 배우들과 비교해 외모 콤플렉스가 있었던 주디는 매우 낮은 자존감으로 평생을 살았다고 한다. 그녀의 인생 마지막 시기를 다룬 영화 〈주디〉는 그녀가 얼마나 사람들로부터 사랑받기를 원했는지가 잘 그려져 있다. 5번의 결혼과 이혼, 약물과 알코올 중독으로 스스로 인생을 나락으로 몰고 갔고, 47세라는 젊은 나이에 사망했다.

영화에서 주디 갈랜드는 "자식은 몸 밖에 있는 심장과 같다"라는 말을 한다. 자식을 향한 부모의 마음이 이보다 더 선명하게 표현될 수는 없을 것 같다. 그만큼 소중하다는 것이지, 내 소유물로 여겨 함부로 해도 된다는 뜻은 아니다. 그런데 많은 부모가 주디의 어머니와 비슷한 실수를 하고 있다.

심리상담을 공부하며 가장 중요하게 생각한 것이 있다면 자존감과 개인의 독립, 자율이다. 그리고 이것의 시작은 부모로부터 받는 '사랑과 수용'이었다. 사랑을 주는 이유는 역설적이게도 떼어내어 분리하기 위해서다. 자녀는 몸 밖에 있는 심장이어야 한다. 부모 자신의 심장을 대체하는 것도, 그렇다고 자신의 심장 옆에 두어 두 개의 심장으로 살 수 있는 것도 아님을 부모들은 알아차려야 한다.

따뜻한 타인으로 남기

가족 안에서 부모와 자녀가 경험하는 많은 문제는 지나친 밀착 또는 격리에 있다. 어디까지가 사랑이고, 어디까지가 간섭인지 경계가 모호하다. 아이는 여섯 살이 되면서부터 혼자 잠을 자기 시작했다. 하지만 가끔 자다 보면 어느새 우리 부부 방에 아이가 들어와 있기도 했지만 이내 혼자 잠자기에 익숙해졌다. 이것이 보통 아이들의 성장 과정이다. 자꾸만 아이가 자는 중간에 부모의 침실로 들어오는 것은 불안하고 허전하기 때문이다. 부모의 눈에는 아이가 가엽고 안쓰럽기만 하다. 그렇게 서로를 끌어당기다 보면 어느새 침실은 출입구 없는 공용 공간이 되어 버리고, 이로 인해 정서적 의존에서 벗어나지 못하게 된다.

부모 자녀 간에 경계가 모호해지거나 무너지면 친밀한 관계를 넘어 개인의 사고와 감정, 개성이 존중되기보다는 부모의 것이 일방적으로 강요된다. 가족으로부터 자기 분화의 기회를 빼앗기고 마는 것이다. 자기 분화가 잘된 사람은 자신의 사고와 감정에 균형을 이루고 있기 때문에 어떤 문제에 충분히 사고하고 자신의 신념대로 결정한다. 자신의 선택이었기에 그에 따른 책임도 기꺼이 지려 한다. 하지만 자기 분화가 잘 이루어지지 않은 사람은 자기 정체감이 떨어지기 때문에 타인에게 휘둘리거나 충동적으로 반응하기 쉽다. 그러니 부모 자녀 사이 관계 갈등뿐 아니라 인생 전반에 걸쳐 겪게 되는 수많은 심리적·정신적 고통이 만들어지는 원인이 된다. 자녀의 홀로서기를 방해하는 헬리콥터 맘과 독립을 거부하고 부모에게 기생하는 니트족이 바로 여기에 속한다. 혹시 이것이 어린 자녀를 양육하는 시기에만 만들어지는 것이라고 생각해 포기하거나 재앙으로 생각하지 말고, 지금이라도 서로에게 **_따뜻한 타인_**이 되어 보면 어떨까. 늦었다고 생각할 때가 가장 빠른 때라는 뻔한 격언을 믿어 보는 거다.

심리적으로 독립된 자기(Self)는 생애 발달 단계별 주어지는 상황에서 여러 가지 도전과 정서적 경험을 통해 만들어가는 것이며, 이것은 부모와 자녀 모두에게 해당한다. 나는 과연 스스로에게 독립을 허용하고 있는지 생각해봐야 한다. 그리고 이것의 좋은 바로미터로 나는 에릭슨의 사회 심리적 발달 단계를 제시한다.

심리적 독립
선언하기

에릭슨은 인간 발달은 사회 속에서 이루어지며, 전 생애에 걸쳐 일어난다고 보았다. 각 발달 단계마다 중요한 심리사회적 위기가 있고, 이를 긍정적으로 해결하면 긍정적인 자아 형성과 더불어 건강한 성격발달로 이뤄갈 수 있다는 것이다. 하지만 해결하지 못하면 자아발달은 손상을 받고 불신, 수치, 의심 등과 같은 부정적 요소들이 자아 속에 통합된다고 했다.

이것이 자기 분화(심리적 독립)를 취약하게 만드는 장애 요인이다. 이에 에릭슨은 심리사회적 자아발달을 연령대별 8단계로 제시했다. 각 발달 과정마다 예상되는 주요 변수들의 통제 여부에 따라 자기 정체감을 얻을 수 있다고 보았다.

발달 시기는 나이 듦에 따라 자연적으로 변화되는 환경이지만 누가 더 능동적으로 도전하고, 문제를 해결했느냐에 따라 개인의 심리 발달 정도는 차이가 날 수 있다. 더불어 인생의 의미 있는 타인 '가족, 친구, 연인, 동료'로부터 단계별 도전에 대한 수용과 인정을 받는다면 건강하고 독립된 자아를 보장받을 수 있을 가능성은 더 높아지게 된다. 물론 부족하거나 수용받지 못하게 될 경우 상처로 남아 삶에 몰입하지 못하고 작은 스트레스 하나하나에도 흔들리는 '감정의 독(毒)'이 만들어지기도 한다.

● 에릭슨의 심리발달 8단계 모델 ●

시기	심리사회적 위기의 주제	주요 변인	심리사회적 양상
0~2세	**신뢰** : 자기 신체와 환경이 필요를 충족시킬 수 있다고 느낌 **불신** : 자기 신체와 환경이 결핍 상태에 놓일까 두려워함	어머니의 긍정적이며, 일관성 있는 태도	자신에게 필요한 것을 버리거나 취함
3~4세	**자율성** : 자기 조절 능력을 느낌 **수치심, 의심** : 과도한 통제로 나약함이나 나쁜 기분을 느낌	상황별 자신의 주장과 선택에 대한 인정	매달리거나 포기함
5~6세	**주도성** : 호기심(특히 성에 대해)이 생기는 대로 자유롭게 행동하고, 이성의 부모와 특별한 관계를 확립함 **죄책감** : 자신의 주도권이 억압될 때 죄의식을 느낌	정체성과 자기 능력을 처음으로 인정받을 필요	경쟁과 승리의 기쁨
7~12세	**근면성** : 자신이 이룬 성과로 인정받는 것을 느낌 **열등감** : 자신의 기량을 발휘하지 못한다고 느낌	사회적 인정 또는 실패와 잦은 실수	창작 과정에 조화로운 참여

청소년기 **(12~18세)**	**자아 정체감** : 자기가 누구인지 느끼고, 그 이미지로 다른 이에게 인정받는다고 느낌 **역할 혼란** : 자신이 누구인지를 파악하지 못함	자의식에 대한 질문과 스스로의 답, 자기 이해 정도	자신이 누구인지, 어디로 가는지를 깨달음
성인기 **(20~40세)**	**친밀감** : 특정 상대와 깊은 삶 공유 **고립감** : 타인에게 개방하여 자기 정체성을 드러내지 못함	타인과 관계의 영속성	깊은 관계 안에서 자신을 찾음
중년기 **(40~60세)**	**생산성** : 자기 후대에 관심을 가짐 **침체성** : 만성적 권태와 공허함 느낌	사회적 성취나 업적을 통한 다음 세대로의 기여 정도	보호, 돌봄, 관심
노년기 **(65세~)**	**자아 통합감** : 자신이 누구였고 누구인지를 받아들임 **자아 절망감** : 과거를 수용하지 못하고, 다시 시작할 시간이 부족하다고 생각함	이해하고 수용	지혜를 깨닫고 수용

감정의 독
비우기

한 개인의 심리적 독립이란 스스로 가지고 있는 내면의 힘을 찾아가는 과정이다. 주디 갈랜드는 심리적 독립에 실패했다. 끝내 상처를 극복하지 못했다. 그녀의 불행한 삶의 첫 시작은 자기 분화가 이루어지지 않은 어머니의 과도한 집착이었다. 물론 성인이 되어 어머니로부터 독립을 선언했지만, 마음속 가장 깊은 곳에 똬리를 틀고 앉아 있는 낮은 자존감은 여전히 어머니를 대신할 사람을 찾아 의존하도록 그녀를 조종했다.

또한, 그녀의 심리적 고통이 점차 심해진 것은 안타깝게도 〈오즈의 마법사〉 도로시에게는 있었지만 주디 갈랜드에게 없었던 것 중 하나인 공감의 경험이었다. 알려진 바에 의하면 진실로 그녀를 도와주는 사람도, 그녀의 고통스런 경험의 세계를 궁금해하는 사람도 존재하지 않았다. 그녀에게는 독처럼 퍼진 마음의 상처를 해독해줄 수 있는 사람이 없었다. 그러니 자기에 대한 가치감을 점점 시궁창 속으로 처박아버릴 수밖에 없었을 거다. 어머니에 의해 짓밟힌 자신을 스스로도 구원하지 못한 거다. 자신의 힘을 찾아가는 과정의 독립은 사실 상처를 극복하는 과정이기도 하다.

〈오즈의 마법사〉에는 이런 대사가 있다. "내가 누구를 얼마나 사랑하는가보다 얼마나 사랑받고 있는지가 더 중요해요." 그런데 이 대사를 "내가 얼마나 사랑받고 있는지보다 내가 나를 얼마나 사랑하는지가 더 중요해요"로 바꿀 힘이 주디 갈랜드에게 있었다면 상황은 달라졌을 거라 생각한다.

심리학자 프로이트는 과거에 연연하는 것은 자신의 힘을 망각한 시대착오적인 것이라고 꼬집는다. 결국 독립은 누구에게 의존해서가 아닌 스스로 해야 하는 가장 최고의 발달 과업이 된다. 그러니 자신의 힘을 키워주는 자기 거울을 만들 수 있어야 한다. 긍정적인 자기 개념을 만들기 위해서 자기의 역할을 스스로에게 자각시키고, 이를 통해서 자신의 행동을 이끌어내기 위한 '자아 모델'을 가져보는 것이다.

'나는 삶에 대해 믿음을 가지고 있다.'
'나는 자발성을 가진 사람이다.'
'나는 주도권을 쥐고 있다.'
'나는 유능하다.'
'나는 나를 충분히 알고 있다.'
'나는 사람들과 친밀하게 지낼 수 있다.'
'나는 헌신할 수 있다.'
'나는 바른 삶을 살아왔다고 생각한다.'

아이는 그림을 즐겨 그린다. 그리고 아무리 어려운 그림이라도 다른 사람이 자신의 그림에 관여하는 것을 절대 허용하지 않는다. 인생이 그저 빈 도화지처럼 허무하다며 아직도 부모를,

또는 자녀를 탓하고 있다면 인생은 누구의 것도 아닌 바로 '나의 것'이라고 말해주고 싶다. 그림을 그리고 색을 칠하는 주체는 나 자신이어야 한다. 그러니 부모와 자녀는 서로의 그림을 따뜻한 눈으로 바라봐주는 팬으로 남아주면 된다, 피를 나눈 따뜻한 타인으로.

우리는 피를 나눈 타인입니다

초판 1쇄 발행 2022년 4월 15일

지은이 손정연
펴낸이 이지은
펴낸곳 팜파스
기획·진행 이진아
편집 정은아
디자인 타입타이포
마케팅 김민경, 김서희

출판등록 2002년 12월 30일 제10-2536호
주소 서울시 마포구 어울마당로5길 18 팜파스빌딩 2층
대표전화 02-335-3681   **팩스** 02-335-3743
홈페이지 www.pampasbook.com | blog.naver.com/pampasbook
페이스북 www.facebook.com/pampasbook2018
인스타그램 www.instagram.com/pampasbook
이메일 pampas@pampasbook.com

값 15,000원
ISBN 979-11-7026-475-0 (03180)